M. W. PASCAL-ESTIENNE

ÉTUDE HISTORIQUE

PERINAÏK

Une Bretonne compagne de Jeanne d'Arc

TROISIÈME ÉDITION

PARIS

PERINAÏK

Imp. des Femmes de Lettres, M. Maugeret, dir.
123, Rue Montmartre, Paris.

M. W. PASCAL-ESTIENNE

ÉTUDE HISTORIQUE

PERINAÏK

Une Bretonne compagne de Jeanne d'Arc

Avec préface de M. Lionel Bonnemère

ILLUSTRATIONS PAR A. PASCAL-ESTIENNE

TROISIÈME ÉDITION

REVUE, CORRIGÉE ET AUGMENTÉE

PARIS
CHAMUEL, ÉDITEUR
29, rue de Trévise

1893

PRÉFACE

LES malheurs que notre pays a éprouvés nous ont peut-être rendu plus chère encore, si c'est possible, la grande et noble figure de Jeanne d'Arc, « ce Christ-femme », comme un de nos plus illustres historiens n'a pas craint de l'appeler.

Tout ce qui touche de près ou de loin à l'Héroïne, tout ce qui nous permet de pénétrer dans l'intimité de sa vie a le don de nous passionner au suprême degré.

Depuis longtemps nous savions quelle avait été sur les champs de bataille la vaillance de la vierge libératrice et sa prodigieuse sagesse dans les Conseils. Nous n'ignorions pas non plus quel enthousiasme elle avait excité dans le peuple, mais à cet égard, on ne nous avait souvent rapporté que des faits généraux.

Le livre de M. W. Pascal-Estienne nous fait comprendre plus que beaucoup d'autres ouvrages parus sur Jeanne d'Arc, *quel ascendant la bonne Lorraine avait su prendre sur tous ceux qui l'approchaient.*

Après M. Quellien, un barde Breton à qui revient l'honneur d'avoir attiré l'attention sur sa compatriote : Perinaïk, M. W. Pascal-Estienne, dans une Etude historique pleine d'érudition nous rapporte, avec des faits très documentés, ce qu'on sait de la vie de cette humble paysanne, qui elle aussi entendait des Voix et qui dut à son inaltérable dévouement envers la Pucelle d'être martyrisée par les Anglais.

« Mourir pour renaître », tel est un des plus beaux adages de la vieille doctrine Celtique.

Morte pendant bien des siècles, la mémoire de Perinaïk renaît aujourd'hui plus glorieuse que jamais.

LIONEL BONNEMÈRE.

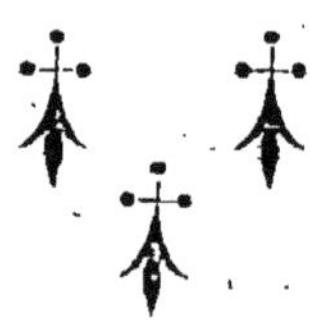

AVANT-PROPOS

Nous présentons aux lecteurs une Etude basée sur les récits des historiens du XVe siècle et sur quelques traditions locales.

Après avoir compulsé les Archives nationales et les manuscrits pour découvrir la trace de Perinaïk, nous avons dirigé nos recherches vers la basilique de Notre-Dame de Paris, synthèse vécue de foi et de souvenirs, témoin séculaire et muet de nombreux faits historiques. Nous espérions que les documents du Chapitre dissiperaient une partie du mystère qui enveloppe encore notre héroïne; mais au siècle dernier, un souffle de tempête a dispersé les antiques feuilles de parchemin.

C'est alors qu'un bienveillant introducteur nous a conduit devant les Bas-reliefs de la porte méridionale de la cathédrale. Malgré les stigmates des époques de fanatisme anti-religieux, l'iconologie est saisissante, les médaillons retracent très bien les épisodes qui concernent le martyre et la réhabilitation de Perinaïk.

Le Chapitre VII concerne une médaille qui complète le quatrième caisson des Bas-reliefs de Notre-Dame, c'est aussi un témoignage historiographique du XVe siècle en faveur de la Bretonne.

On reprochera peut-être à cet ouvrage de se mouvoir dans un cadre historique bien vaste pour le sujet lui-même et de donner à Jeanne d'Arc une place trop considérable; nous objecterons que les événements et les détails relatés sur la Bretagne, sur la domination anglaise, l'Université, l'Inquisition etc., sont rapportés pour constituer le caractère de cette époque où la rudesse des temps antérieurs subsiste encore, et où prédomine le mysticisme. Quant aux faits, ils se rattachent tous à l'héroïne de ce livre. Si Jeanne d'Arc est en pleine lumière, c'est qu'elle est la cause primordiale et déterminante de la mission secondaire dévolue à Perinaïk. L'Esprit de Dieu qui les conduisait l'une et l'autre, les prit aux confins du royaume des Lys, pour les attirer l'une vers l'autre par un irrésistible mouvement et opérer une jonction de dévouement. Elles vécurent quelques mois ensemble, dans une parfaite union d'âmes et de vues surnaturelles, jusqu'à l'heure où Perinaïk, la plus effacée des deux amies, mourut en attestant la sainteté de Jeanne et cueillit, la première, la palme du martyre. La France doit inscrire le nom de la Bretonne sur les registres séculaires de notre Histoire nationale et enseigner l'héroïsme de cette humble femme aux générations qui se lèvent.

Que des blocs granitiques se dressent donc sur les hauteurs qui dominent la Manche, ainsi que près de la sombre frontière des Vosges !

Que les effigies de Perinaïk et de Jeanne d'Arc les surmontent ; les saintes Voyantes défendront, de la prière et du geste, leur pairie contre le Saxon.

Sur le socle des statues, au-dessus de l'Hermine de Bretagne et de la Croix de Lorraine, que le Lys de France se détache et abrite de ses pétales immaculés ces mots que les siècles se transmettront :

PRO DEO ET PRO PATRIA CECIDERUNT

Perinaïk « de Bretaigne-Bretonnant, bruslée au puis Nostre Dame, le troisiesme jour de Septembre 1430 ».

Journal de Paris, par un chroniqueur du XVe siècle, p. 407.

ÉTUDE HISTORIQUE

PERINAÏK

Une Bretonne compagne de Jeanne d'Arc

CHAPITRE PREMIER

ÉTAT DE LA FRANCE EN 1422. — CHARLES VII. — LES ANGLAIS. — MISSION DE JEANNE D'ARC.

La basilique de Saint-Denis avait entendu psalmodier l'office des Morts sur un cercueil royal, et le héraut d'armes, en cette date du 10 Novembre 1422, cria devant le peuple : « Dieu veuille avoir pitié de l'âme de Charles, roi de France, sixième du nom ! » Et il ajouta : « Dieu accorde bonne vie à Henry, par sa grâce roi de France et d'Angleterre ! »

Ce dernier appel de bénédiction, cette acclamation solennelle, étaient un défi jeté aux institutions françaises, puisque la Loi Salique exclut les revendications féminines dans la descendance royale : c'était une provocation belliqueuse, souffletant les « Gens de France », qui ne souffrirent et ne supporteront jamais le joug de l'étranger.

Ces paroles étaient prononcées par ordre de la bavaroise Isabeau, veuve de Charles VI, et de Bedford, régent du royaume de France pour son neveu Henry VI. Ces mots étaient motivés par l'envahissement du territoire et par les prétentions du roi d'Angleterre, qui établissait ses droits héréditaires d'après le mariage de la fille de Philippe le Bel avec le fils d'Edouard Ier.

La guerre de Cent ans (1337-1452) ravageait et ensanglantait notre pays depuis quatre-vingt-cinq ans ; il semblait, en ces temps désastreux, que « le Dieu qui aime les Francs » eût détourné son regard de sa nation aimée, et que le Léopard d'outre-mer dût déraciner et détruire à jamais la souche du Lys de France.

A cette même époque, pourtant, une bannière était déployée en Berry, au château de Méhun-sur-Yèvre ; quelques chevaliers criaient : « Vive Charles, septième du nom, roi de France par la grâce de Dieu (1)». Ceux-là étaient les chefs déterminés

(1) Monstrelet.

de la réaction nationale. Tandis qu'à Paris, le Parlement, l'Université, le duc de Bourgogne et Isabeau de Bavière supportaient servilement, honteusement, la domination anglaise, les partisans du Dauphin s'efforçaient de secouer son inertie et de le déterminer à revendiquer hautement et hardiment la couronne de ses pères.

Charles VII est un prince sur lequel les opinions sont très dissemblables et souvent erronées (1) ; la critique contemporaine est plus sévère pour lui que ne le furent les historiens de son époque ; ceux-ci savaient par quels moments troublés il avait passé, et connaissaient les difficultés presque insurmontables qui l'entouraient, et qui ne purent s'aplanir que par l'intervention divine.

C'est en ces termes que s'exprimait, en 1514, Robert Gaguin : « Cil Roy certes estoit contre lequel, au commencement de son regne, fortune tres asprement se rebella comme se elle fust appliquee a l'exterminer et mectre hors de son royaulme... Puis doulcement le traitant le fit glorieux victeur et par la grâce de Dieu restitu-

(1) Voir l'*Histoire de Charles VII*, par G. du Fresne de Beaucourt.

teur du pays... Au courtoys pere tres victorieux Roy plain de mansuetude succeda le filz Loys (1). »

Un autre auteur, Nicole Gilles (2), ancien secrétaire de Charles VII, a écrit ces lignes : « Charles septieme de ce nom fut tres victorieux et de bonnaire. Au commencement de son regne trouva son dit royaulme fort brouille de toutes pars et occupe de ses adversaires... et luy fut fortune fort contraire. Mais par son sens bonne conduite et moyennant bon conseil qu'il creut toute sa vie la bonne justice qu'il fist faire et administrer a ses subjectz il subjugua ses ennemys et laissa a son filz Loys le royaulme paisible et le dilata et eslargit grandement. Aussi durant son regne il releva la justice et la remit en nature qui de long temps avait ete abaissee et obmise ; il osta toutes pilleries du royaulme pourveult a expeller la division et scisme de l'eglise universelle tellement

---

(1) Les grandes croniques faitz et vertueux gestes des tres illustres, tres chrestiens magnanimes et victorieux Roys de France, par Robert Gaguin, general des Mathurins (auteur des *Croniques de Saint-Denys*), — Paris. Galliot du Pré, 1514.

(2) Mort en 1503.

que par son pourchas bonne paix union et concorde y ont ete (1). »

Plus tard, en 1596, Etienne Pasquier pense que Charles VII fut « un de nos plus grands rois (2) » et dit aussi : « Il avait si je ne m'abuse une foiblesse de sens non vraiment telle que son pere mais ayant este paistry d'une paste d'homme foible d'entendement (3) il en portoit quelque quartier en son esprit (4). »

Les historiens du dix-neuvième siècle sont durs dans leurs appréciations sur Charles VII ; nous citerons ici un jugement impartial extrait de l'*Histoire de France*, de Dareste :

« Il avait commencé par être un des rois les moins obéis que la France eût eus jamais ; il finit par être un de ceux qui le furent le mieux. Il avait trouvé l'indépendance et l'insubordination, et il en triompha partout. Il avait trouvé le pays mécontent et découragé ; il le releva, lui rendit la

(1) Les tres elegantes, tres veridiques *Annalles* des tres preux, tres nobles moderateurs des belliqueuses Gaules. — Compilées par maistre Nicoles Gilles. — Paris. 1525.

(2) *Recherches de la France*, Etienne Pasquier.

(3) Allusion à la folie de Charles VI.

(4) *Recherches de la France*, Etienne Pasquier. — Paris. 1621. Liv. VI, ch. IV.

confiance et lui inspira l'énergie nécessaire. Les auteurs contemporains attestent à l'envi l'un de l'autre la joie que la France éprouva de se revoir libre, maîtresse d'elle-même, développant désormais sans entraves ses forces et ses ressources. Charles VII ne fut assurément pas l'auteur unique de ces grands résultats. Une part en revient aux hommes éminents dont il avait su s'entourer, et à l'esprit public qui se réveilla avec une singulière énergie. Mais il sut accomplir cette tâche laborieuse avec une habileté et une persévérance rares. Il mourut ayant chassé l'Anglais, rétabli l'ordre, réduit les princes à l'obéissance, réformé l'armée et la justice, effacé un demi-siècle de calamités, léguant enfin à son successeur un pouvoir assis sur les bases les plus solides (1) ».

Or, en l'année 1422, le prince nommé dérisoirement le « roi de Bourges » ne comptait en ses possessions que quelques provinces du centre de la France : Berry, Touraine, Poitou, mi-partie de la Saintonge, de l'Auvergne, du Limousin ; le Dauphiné et le Lyonnais, sans cesse menacés par les

(1) *Histoire de France depuis les origines jusqu'à nos jours.* Paris, 1865-1873-1879. Ouvrage couronné par l'Académie Française.

Bourguignons ; le Languedoc et une partie de la Guyenne, menacés par les Anglais.

L'Orléanais, le Blésois, le Vendômois, avaient leurs ducs prisonniers de l'ennemi. La reine Yolande, belle-mère de Charles, possédait encore avec son fils le Maine et l'Anjou.

Puis il restait des places royales fortifiées, placées comme des vedettes nationales dans l'Ile-de-France, la Picardie, la Brie, la Champagne, l'Angoumois, la Guyenne. Des capitaines luttaient aussi isolément : tels étaient le comte d'Aumale au Mont-Saint-Michel, Xaintrailles à Guise, d'Harcourt à Noyelles et au Crotoy, Jean Raoulet à Mouzon, La Hire à Vitry.

Henry de Windsor, sixième de ce prénom en Angleterre, était fils de Henry de Montmouth et de Catherine de France, petit-fils par conséquent de Charles VI et d'Isabeau de Bavière. Il reçut, à peine âgé de sept mois, la couronne de ses ancêtres, le 31 Août 1422 ; trois mois après, on le nommait roi de France, car il pouvait régner sur Paris, l'Ile-de-France, la Flandre, la Picardie, l'Artois, la Normandie, la Guyenne, la Champagne, somme toute, sur la plus grande partie du territoire français.

Le duc de Bourgogne ayant refusé de prendre la régence du royaume français pour Henry VI, le duc de Bedford l'accepta, pendant que le duc de Clarence administrait celui d'Angleterre (1).

Après la mort de son père, Charles VII continua de guerroyer comme il l'avait fait précédemment (2) ;il perdit la bataille de Crevant en 1423, celle de Verneuil en 1424. Il établit à Poitiers son Conseil, son Parlement, son Université, et malgré ses défaites, malgré l'état navrant de son royaume de tous côtés battu en brèche, son autorité morale augmentait, les cœurs loyaux se tournaient vers « le Roy ». On oubliait les hésitations, les défauts de l'homme, pour respecter le principe et entrer dans la ligue de la lutte à outrance pour le maintien de la royauté nationale.

La France se trouvait disputée entre des rivaux implacables ; les partis Armagnacs et Bourguignons compliquaient la situation déjà si grave; les

---

(1) Les deux sœurs du duc de Bourgogne avaient épousé, l'une le duc de Bedford, l'autre Richemont le Breton.

(2) Le Dauphin avait été nommé lieutenant du Roi dans tout le royaume, par une ordonnance de Charles VI, à la date du 14 Juin 1417.

gens de guerre de l'un et de l'autre côtés étaient également redoutés. « La tempête des guerres civiles s'élevait de toutes parts ; entre les enfants d'une même maison, entre les enfants d'un même sang, se commettaient les attentats des guerres les plus cruelles ; les querelles multiples des seigneurs se mêlaient à tous ces conflits (1). »

« Si on cultivait encore la terre, ce n'était qu'autour des villes et des châteaux, à la distance où, du haut de la tour, l'œil du guetteur pouvait apercevoir les brigands (les Anglais). Au son de la cloche ou de la trompe, il rappelait des champs ou des vignes dans la forteresse. Et cela était devenu si fréquent en mille endroits, qu'au signal du guetteur, les bêtes de somme et les troupeaux, formés par une longue habitude, revenaient au lieu de refuge sans conducteur (2). »

Les habitants du Beauvoisis eurent tant à souffrir des déprédations des Anglais, qu'ils ajoutèrent aux litanies des Saints cette supplication : *A crudelitate Anglorum, libera nos, Domine* (3).

(1) *Chronique latine*, de Jean Chartier. Edition de Vallet de Viriville, t. I, p. 3.

(2) *Histoire de Charles VII*, liv. II, ch. 1. — Thomas Basin.

(3) Cité dans l'*Histoire de la cathédrale de Beauvais*. — Desjardins, 1865.

Paris même, malgré sa soumission, était très éprouvé : Armagnacs et Bourguignons luttaient encore sous la domination anglaise. Une épidémie enleva cent mille personnes en peu de mois ; on jetait les corps dans une grande fosse seulement « pouldrez par dessus de terre (1) ». Les loups circulaient dans la ville, les habitants fuyaient la maladie et les impôts. Les hommes devenaient « brigands », et les femmes étaient « corps et âmes au désespoir ».

« Je ne cuide mie, que depuis le roy Clovis, qui fut le premier Roy chrestien, France fust aussi désollée et divisée comme elle est aujourd'huy... Car oncques puis le nom vint en France de Bourguignon et d'Arminac, tous les maulx que l'on pourroit penser ne dire ont esté commis au royaulme de France, tant que la clamour du sang innocent espandu crie devant Dieu vengeance (2) ».

La cour française était à Poitiers, et le prestige de la royauté attirait des auxiliaires. Ce furent d'abord cinq cents chevaliers de l'Auvergne et du Bourbonnais, puis des troupes promises par la noblesse de la Guyenne et du Languedoc ; des

---

(1) *Journal d'un Bourgeois de Paris*, p. 115.
(2) *Journal d'un Bourgeois de Paris*, p. 134-135.

Écossais vinrent aussi prêter leur concours ; enfin l'épée de connétable accordée au comte de Richemont scella une alliance de courte durée avec le duc de Bretagne, Jean VI. A ce moment, le connétable obtint de Charles VII l'éloignement des chefs Armagnacs compromis dans l'assassinat de Jean sans Peur, espérant ainsi détacher plus facilement les Bourguignons de l'alliance anglaise.

Richemont partit pour combattre l'ennemi dans la haute Bretagne; mais, tombé en disgrâce, il se retrancha dans ses terres de Parthenay.

Les places secondaires de la Loire conquises par les Anglais, ceux-ci s'avançaient sur Orléans, où Salisbury commence l'attaque en Octobre 1428 (1) ; la lutte dure tout l'hiver. Le 14 Février 1429, la *Journée des Harengs* (2), désastreuse pour la France, semble décider du sort de la ville ; Dunois y est blessé, Jean et Guillaume Stuart sont tués, les troupes françaises pourchassées.

---

(1) Pendant l'assaut, les femmes contribuèrent à la défense de la place, elles jetaient par-dessus les remparts de la graisse fondue, de l'eau bouillante, des cendres brûlantes.

(2) Allusion à l'attaque du convoi de vivres que les Anglais escortaient, et dans lesquels figuraient de nombreuses tonnes de harengs pour le Carême.

Les habitants, inquiets de leur propre sort, font des propositions pacifiques aux ennemis, qui les repoussent ; le découragement grandit chez les assiégés.

Et c'est en cette sombre et désespérante année que devait apparaître la libératrice !

Dieu choisit son heure, et la marque au cadran de l'éternité ; il attend le moment où l'humanité va défaillir, pour intervenir par une manifestation tangible de sa toute-puissance.

La France de Clovis, de Charlemagne, de saint Louis, la fille aînée de l'Eglise, ne devait pas devenir anglaise, car, anéantie dans sa nationalité sous Henry VI, elle eût été persécutée pour sa foi sous Henry VIII, et fût peut-être devenue protestante.

Notre pays, trahi par une reine dégradée, une étrangère, il est vrai, devait se relever par l'aide d'une enfant des champs, d'une Française, qui s'en venait « de par Dieu », avec sa foi, sa virginité et son patriotisme.

Charles VII était au château de Chinon lorsque, le 6 Mars 1429, on lui dit qu'une jeune fille des

Marches de la Champagne et de la Lorraine était arrivée avec une escorte de six hommes (1). En passant à Sainte-Catherine-de-Fierbois, elle avait fait écrire au Roi, afin d'obtenir une audience, car « elle savait plusieurs choses touchant son faict ». A cette nouvelle, « le Roy, toujours espérant avoir auculne soucours de la grâce de Dieu et comemorant que anciennement femmes avaient fait merveilles comme Judith et aultres (2) », ordonne de faire venir les hommes de l'escorte pour les interroger.

Ceux-ci racontèrent que Jehanne d'Arc était née à Domrémy, au baillage de Chaumont (3), qu'elle était bonne, charitable envers les pauvres, chaste et pieuse ; l'archange Michel et les saintes lui parlaient souvent. « Il faut que je parte et que j'accomplisse ma mission, parce que mon Seigneur le veut (4) ». Ses voix confirmaient sa résolution : « Fille de Dieu, va ! va ! »

(1) Son frère, deux jouvenceaux annoblis plus tard : Jean de Metz et Bertrand de Boulenguy, puis trois cavaliers.

(2) *Chronique de Tournay*. p. 406.

(3). Consigné dans les lettres d'annoblissement de la famille d'Arc.

(4) Gœrres, *Vie de Jeanne d'Arc*.

Des bords de la Meuse aux rives de la Loire, elle conduit sa petite troupe, traverse les obstacles créés par les factions ennemies, et attend l'autorisation royale pour commencer l'accomplissement de sa « mission ».

Les gentilshommes de la cour ajoutèrent que « Jehanne », interrogée *au nom du Roy*, disait « qu'elle avait deux choses en mandat de par le Roy du Ciel : l'une de faire lever le siège d'Orléans aux Anglais, l'autre de conduire le Dauphin se faire sacrer à Reims (1). » Elle était munie d'une lettre de créance du prévôt de Vaucouleurs, Robert de Baudricourt (2).

Introduite à Chinon à « haulte heure », éclairée par « cinquante torches (3) », Jeanne, conduite par le comte de Vendôme, s'avance parmi « plus de trois cents hommes (4) ». Ses vêtements masculins ne l'embarrassent point (5) et, sans hésitation, sans

(1) Déposition de Dunois et de Siméon Charles. — *Procès*, t. III, p. 4 et 115.

(2) Interrogatoire 13 Mars, *Procès*, t. I, p. 144.

(3) Interrogatoire 27 Février, *Procès*, t. I, p. 79.

(4) Idem.

(5) Ses cheveux noirs étaient coupés en rond au-dessus de l'oreille ; elle était couverte d'un pourpoint noir, de longues chausses s'y rattachaient, une robe courte de gros gris noir complétaient le costume, son chapeau était noir.

se laisser détourner par une fausse indication, elle s'arrête devant Charles, et le saluant : « Sire, je viens de par Dieu avec la mission de vous secourir ainsi que le royaume : le Roi des cieux vous mande que vous serez sacré à Reims, et deviendrez lieutenant du Roi des cieux qui est Roi de France. (1)

Elle reste seule avec le « gentil Dauphin » et lui fait connaître le signe de Dieu, lui dévoilant la prière qu'il avait faite dans le secret de son cœur, la nuit de la Toussaint 1428 ; elle le rassure sur les doutes d'hérédité qui hantent son âme : « Je te dis de la part de Messire que tu es vray heritier de France et fils de Roy (2) ».

Installée dans la tour du donjon de Coudray, dans la société d'Anne de Maillé, femme du capitaine Guillaume Bellier, Jeanne étonne son entourage par ses réponses éclairées d'en haut ; et sur la prairie, elle manie la lance et le cheval comme un vieil écuyer.

Le roi part pour Poitiers et emmène la Pucelle, qui est logée chez la femme de Jean Rabuteau, conseiller au Parlement ; elle répond aux interro-

(1) Lettre du sire de Baudricourt.

(2) Déposition du Frère J. Pasquerel dans le second procès.

gatoires faits par les prélats et les docteurs de l'Université. « A tous, elle parut inspirée par Dieu (1) » ; ils ne trouvaient en elle que « bien, humilité, virginité, dévotion, honnesteté, simplesse ». « Elle se confessait souvent, recevait le corps du Seigneur et le faisait faire au Roi, aux chefs, aux hommes d'armes (2). Elle était bonne, simple et doulce fille, point paresseuse, grande et moult belle (3) et avait une doulce voix de femme (4). »

Le 22 Mars. Jeanne reçoit un commandement, ses « gens d'armes batailleront et Dieu fera la victoire ». Elle arrive à Tours, s'équipe en guerre, fait peindre son étendard, son panonceau, avec les noms de « Jhesus Maria », envoie chercher une épée dans l'église de Sainte-Catherine-de-Fierbois. Le roi lui constitue une *maison* militaire sur le pied d'un comte (5), et donne des chevaux pour elle et sa suite.

---

(1) Conclusions des docteurs.

(2) *Procès*, Greffier, p. 21.

(3) *Mirouer des femmes vertueuses*.

(4) Gui Laval, P. de Boulainvillers.

(5) Cet état comprenait un écuyer, un aumônier, un secrétaire, des pages, valets de pied, maître d'hôtel, valets de chambre, etc.

Le 25 Avril, la Pucelle est à Blois, elle attend des subsides royaux ; le 29, elle ravitaille Orléans avec une petite escorte ; l'espérance renaît alors parmi les assiégés, qui connaissent la mission de Jeanne, les cœurs français tressaillent à la vue de la guerrière, tandis que les Anglais l'accablent d'injures. « Ils lui mandèrent qu'elle n'était qu'une ribaude et s'en fut comme telle garder ses vaches ou qu'ils la feraient ardoir (1) ». C'était la réponse à la lettre dans laquelle Jeanne les sommait « de par Dieu » de retourner en leur pays.

Le 4 Mai, l'armée française arrive au secours d'Orléans, le combat dure pendant les deux journées des 6 et 7 ; Jeanne reçoit une flèche à l'assaut des Tournelles, mais la victoire est à elle ; cinq cents ennemis sont tués, et le sud de la Loire est libre.

Le 8, Orléans chante l'hymne de la délivrance, et Jeanne d'Arc, voyant la première partie de sa mission accomplie, bénit Dieu et pense que les Français la suivront dans la voie qui lui est indiquée.

Ses voix la pressent de poursuivre sa noble

---

(1) *Journal du siège d'Orléans*, journée du samedi 30 Avril, Florent d'Illiers, t. IV, p. 150-154.

tâche ; elle s'agenouille près du Dauphin, au château de Loches, où il délibère avec ses conseillers : « Gentil Dauphin, ne tenez pas tant et de si longs conseils, mais venez prendre votre noble sacre à Reims, ne faictes doutes que vous le recevrez, je suis fort aiguillonnée que vous y aillez (1). »

(1) Déposition de Dunois,

« Dieu s'apparoit souvent à elle en humanité et parloit à elle comme ami fait à autre »
Journal de Paris, p. 457.

CHAPITRE II

LA BRETAGNE. — CONNÉTABLE DE RICHEMONT
1429. — PERINAÏK. — VOYANTS. — HALLUCINÉS

La Bretagne est une des dernières provinces acquises à l'unité française, mais à toutes les heures critiques de notre pays, ses soldats et ses capitaines ont été nos auxiliaires. La liste de leurs noms forme une traînée glorieuse et sanglante, depuis le début de notre nationalité jusqu'à cette date fatale de 1870, encore si proche et si vibrante. Guerriers, marins, politiques et littérateurs, sont entrés pour jamais dans l'Histoire de France.

« A l'égard de l'origine des Bretons, j'avoue que je ne la connais pas », écrit naïvement un vieil historien (1). Les Pélasges occupèrent l'Ar-

(1) *Abrégé de l'histoire de Bretagne*, de M. d'Argentré, par Lescouvel, page 2.

morique (1), puis les Celtes s'y implantèrent ; le pays se fractionna ensuite entre les Celtes et les Kimbres le long des côtes, et les Gaëls, ou Galls dans les terres. Les ressentiments de ces races antiques survivent encore entre les habitants de la haute et de la basse Bretagne et les Galloët.

Les Celtes-Armoricains (2) parlaient la langue gallique, d'où provient le bas-breton, ou *breyzad*, parlé actuellement dans la basse Bretagne.

Successivement république fédérale, royaume, duché, province de la France, la Bretagne est, de nos jours, divisée en cinq départements. Battue par les flots de l'Atlantique et de la Manche, sillonnée par des torrents, parsemée de monuments celtiques et de ruines éparses dans les bois et les landes stériles, cette austère province conserve un charme poétique très captivant ; la grande voix du passé semble commander le silence, afin que l'on

(1) Les philologues prétendent trouver dans la langue bretonne une analogie parfaite avec la langue sacrée indienne conservée depuis trois mille ans, ce qui démontrerait que la race celtique descend de la race indo-germanique et se relie à l'origine primitive par les Romains, Grecs, Germains, et non pas les Phéniciens et les Sémites.

(2) En breton *Armorik*, *ar*, sur, *morik*, diminutif de *more*, mer.

entende encore le choc des épées contre les armures, le chant grave des Bardes, la prière solennelle des Druides.

La vérité historique est difficile à dégager de la légende qui envahit les chroniques, les poèmes, les chansons. Un sentiment élevé domine partout, celui de la nationalité, de la défense passionnée de cette terre aimée contre l'étranger; depuis les temps les plus reculés, le Breton a déclaré son aversion contre *le Saxon*, la « race maudite (1) ». Cette haine farouche, implacable, s'est incrustée dans la race; le génie mélancolique des poètes a contribué à perpétuer ce sentiment.

Lorsque la Bretagne fut devenue chrétienne, « l'Eglise laissa subsister du druidisme une certaine racine qui était bonne (2) ». La croix surmonta le menhir, qui devint son piédestal, mais devant le *Saozon*, elle ne réagit point.

Le début du quinzième siècle est marqué dans la vieille Armorique par la lutte de la maison de

(1) Gildas.

(2) Comte de Maistre.

Penthièvre contre Jean V ; la Bretagne est déchirée par cette guerre, la captivité de son duc fut un deuil pour le pays, et l'heure de sa liberté, une joie nationale.

Ce même duc de Bretagne, vassal et gendre de Charles VI, beau-frère de Charles VII, pair de France, un instant l'allié de cette royale famille, eut la faiblesse de signer le traité de Troyes, qui favorisait l'avènement de Henri V d'Angleterre sur le continent. Un motif personnel de ressentiment dirigeait le duc Jean dans cet acte, car il croyait que le Dauphin de France avait poussé la maison de Penthièvre à s'armer contre lui. Son duché n'en continua pas moins à fournir de vaillants soldats à l'armée de Charles VII.

A cette époque aussi, le frère de Jean V était prisonnier des Anglais, « Arthus, troisième de ce nom, extrait de la noble lignée royale et ducale de Bretagne, en son vivant comte de Richemont, seigneur de Parthenay, connestable de France et, à la fin de ses jours, duc de Bretaigne, comte de Montfort, qui régna trop petit en Bretaigne, car il ne fut duc que quinze mois. Il fut fils du bon duc et vaillant Jehan, qui gaigna et recouvra son païs à l'espée. Il naquit en l'an de grâce 1393, fuet traité et nourry ainsi qu'il appartient à un fils de si noble lignée (1) ».

Amené très jeune à Paris, il fit ses premières armes contre le duc de Bourgogne pour Messeigneurs d'Orléans et de Berry. En 1415, il assiège Parthenay avec cinq cents chevaliers et « escuyers du païs de Bretaigne ». On le trouve à Azincourt blessé et prisonnier, ainsi qu'Olivier de la Feuillée, Edouard de Rohan, Jehan Giffard, le seigneur du Buisson ; sous sa bannière, les morts étaient : les de Combour, de Montauban, de Coëtquen, de Laforest, Le Veer, et nombre de gens d'armes : le sang breton s'était prodigué.

Captif en Angleterre, Richemont est mandé par sa mère, devenue reine d'Angleterre depuis son veuvage ; elle n'avait pas revu ce fils depuis son enfance, « et tous deux se prinrent a plorer ». Il resta prisonnier jusqu'en 1420; son retour en Bretagne fut une joie pour tout le pays ; il épousa, peu de temps après, Madame de Guyenne, sœur du duc de Bourgogne, veuve du Dauphin Louis (2).

---

(1) *Histoire d'Artus, comte de Richemont, connestable de France, duc de Bretaigne*, contenant ses memorables faicts, 1457-1497. Guillaume Gruel (éd. Godefroy).

(2) Mort en 1415.

Cependant les Anglais continuaient leur marche envahissante, « boutaient le feu en tous les petits villages et grands, pillant les abbayes, prenant les reliques pour l'argent qui autour estoit. Ordre estoit que nul ne fust si hardi sous peisne d'estre pendu par la gorge, de soi loger en l'ostel des bourgeois, ni demesnager outre sa volonté, ou de piller personne s'il n'est natif dangleterre ».

Les gens de France fuyaient l'invasion, la persécution ; vingt mille familles émigrèrent et s'établirent dans la haute Bretagne, tandis que de ce même pays, des hommes d'armes partaient au service de la royauté française.

Charles VII était à Angers, en 1424, lorsque Richemont vint à lui ; le roi lui fit « grand accueil » et lui offrit l'épée de connétable. Cette dignité française avait été conférée précédemment à deux Bretons, Duguesclin et Olivier de Clisson. Avec l'assentiment des ducs de Bretagne et de Savoie. Arthus III accepta cette charge, le 7 Mars 1424, assisté en ce jour du comte de Châteaubriand, de l'amiral de Bretagne de Porhouët et du président de l'Hospital.

Vingt mille hommes se levèrent pour suivre

---

(1) D. Taillandier, *Histoire de Bretaigne*, t. I, p. 472.

leur duc ; Pontorson fut enlevé aux Anglais, mais la petite armée échoua devant Saint-Jean-de-Beuvron, et dut attendre du renfort pour reprendre la poursuite de l'ennemi.

Richemont désirait voir Charles VII entouré d'hommes intelligents et actifs, et le pressait de prendre La Trémoille comme conseiller. « Beau cousin, dit le Roy, vous me la baillez belle, vous vous en repentirez, car je le connois mieux que vous ». Et « ne fict point le Roy menteur ».

Un conflit élevé entre Richemont et le sire de Giac, qui fut tué, amena la disgrâce du connétable, qui se retira dans ses terres de Parthenay.

La nouvelle de l'arrivée à Chinon d'une guerrière envoyée par Dieu avait pénétré promptement en Bretagne ; la prise d'Orléans et la déroute des Anglais confirmèrent la vérité de la mission de cette femme. Richemont, sentant bouillir en lui sa valeur contenue, ne tint plus compte de sa défaveur, il voulut rentrer en grâce auprès du roi, prêter son concours et celui de ses Bretons à la vaillante femme qui pourchassait l'Anglais.

Il réunit autour de lui « une très belle compagnie (1) » : les Beaumanoir, de Rostrenen, de

(1) Gruel, *Histoire de Richemont*, p. 193.

Montauban, de Saint-Gilles, de la Feuillée, de nombreux chevaliers, escuyers, « sans compter ceulx de sa maison et un grand nombre de gens de bien de ses terres de Poitou et d'aultres (1), jusques au nombre de quatre cents lances et huit cents archers (2) ».

Charles VII, informé de ce mouvement, et poussé par La Trémoille, envoie Monseigneur de la Jaille à Loudun, dire au connétable « de retourner chez lui »; celui-ci n'en fit rien et continua sa marche. « Chevauchant en belle ordonnance », il arrive près de Beaugency; la Pucelle, avertie, vint à lui, entourée par Dunois, Messeigneurs d'Alençon, de Laval, de Loheac, etc., et ils descendent de cheval à la Maladrerie. Arthus la salue et dit : « Jehanne, on m'apprend que vous voulez me combattre. Je ne scay si vous estes de par Dieu ou non ; si vous estes de par Luy, je ne vous crains rien, car Dieu scait mon bon vouloir ; si vous estes de par le diable, je vous crains moins encore. »

La Pucelle reprend : « Beau connestable, vous

(1) Des garnisons de Bretagne, de La Flèche, de Sablé, de Durteuil.

(2) Gruel, p. 197.

n'estes pas venu de par moy, mais, puisque vous estes ici, soyez le bienvenu. »

Et ce soir-là, suivant la coutume de ces temps de donner la garde au dernier venu, « le plus beau longuet qu'eut été en France passé depuis longtemps (1) » fut tenu par le duc de Richemont dans les murs de Beaugency.

La jonction était opérée entre la France et la Bretagne pour l'expulsion des Anglais, elle devait être contre-scellée par un double martyre.

Dans la « Bretagne-Bretonnante (2) » et « aux abords d'une ville forte, dans une maison isolée, demeuraient alors deux femmes (3), sur les confins de la route et d'un petit bois abritant une antique chapelle. La plus âgée était sans doute la fille d'un homme d'armes tué pendant la dernière

(1) Gruel.

(2) *Journal de Paris.*

(3) C'est vers Gurunhel, à quelques heures de Guingamp, ou sur le Ménez-Bré qui domine tout le val Trécorrois, que Perrinaïc dut bien des fois écouter le chant des voix aériennes. » N. Quellien, opuscule, p. 2 : *Une compagne de Jeanne Darc.*

incursion des Anglais : l'autre servait de compagne ou de suivante à l'orpheline (1). »

La première portait le nom de Perinaïk (2). Toutes deux vivaient retirées, donnant leur vie à la prière, au souvenir des trépassés. Elles accueillaient charitablement les nombreux voyageurs qui traversaient la route près de laquelle elles demeuraient ; par eux, elles savaient les nouvelles de la guerre qui sévissait en France, leurs cœurs en étaient émus.

« Vivre libre ou mourir », dit une antique devise de Bretagne, et ses fils, pénétrés de la vérité de cette maxime, prouvèrent leur amour de l'indépendance par une multitude de combats. La principauté de Penthièvre fut une des parties les plus tourmentées, le diocèse de Tréguier y était enclavé, et fut souvent ravagé par les luttes des différents partis ; les vieilles cités se souviennent encore de maintes batailles. La ville de Tréguier

(1) « On ne sait rien de l'enfance de Perrine ; par quelques indices, j'ai pu croire que l'héroïque fille naquit dans la région circonvoisine du Goëlo, du pays trécorrois et de la Cornouaille. » (QUELLIEN).

(2) Nous adoptons la terminaison de ce nom comme plus archaïque ; les auteurs ont parlé de cette femme en variant les diminutifs : Perinaïk, Perrinaïc, Perrine, Perronne, Pierronne, Pierrette.

était lieu d'asile, et l'évêque relevait directement de son duc de Bretagne.

« Guingamp peut savoir les luttes nationales, elles sont inscrites dans l'histoire et chantées par les ballades (gwers). Au Moyen-Age, cette ville était une place forte importante, c'était la porte crénelée par laquelle il fallait passer pour aller de la haute à la basse Bretagne (1). » Près de là se trouvait Notre-Dame-de-Grâce ou de Bon-Secours, pélerinage célèbre dès le treizième siècle ; Charles de Blois (2) fut inhumé dans ce monastère, habité par des Cordeliers.

En 1428, la Bretagne est parcourue par des moines qui prêchent la parole de Dieu, le culte du saint Nom de Jésus et la croisade contre les Anglais (ar Saozon) ; ils excitent la foule qui les suit, et font réciter l'*Oraison contre l'étranger* (3). Sous cette impression, les hommes fourbissent leurs armes, les femmes prient en songeant aux maux terribles de la guerre et aux âmes des défunts.

Perinaïk voit passer les foules enfiévrées, elle reçoit dans sa demeure les poètes-mendiants, qui

(1) Jules JANIN, *La Bretagne*, p. 576.

(2) Tué à la bataille d'Auray, 26 Septembre 1364.

(3) Comme au temps de Chandos et de Duguesclin.

chantent des complaintes sur « la pitié qu'il y a eu au Bro-Gall. » Ils excitent les sentiments de haine en faisant revivre les souvenirs.

« Venez, le jour est arrivé ! venez armés de vos cuirasses, et montrez de quelle race vous descendez. »

« Que David, le roi, le grand saint, chasse l'Anglais par de là les mers (1) ».

Merlin est évoqué :

« A la fin, notre nation se relèvera, elle chassera les Saxons plus loin que l'Océn (2). »

Perinaïk, en causant avec les voyageurs, avec les hommes d'armes, qui reviennent dans leur pays pour guérir leurs blessures, apprend qu'une grande nouvelle circule et donne de l'espoir à la France ; une fille des champs est venue des bords de la Meuse trouver Charles VII de la part de Dieu, qui lui a confié la mission de chasser les Anglais et de faire sacrer le Roi. Jeanne d'Arc est inspirée, saint Michel et les saintes Catherine et Marguerite lui apparaissent souvent et la condui-

(1) Chant national de la basse Bretagne chanté à la naissance d'Arthur, fille de la duchesse Constance, 29 Mars 1186.

(2) Merlin, sa légende : *Et postea gens nostra surget et gentem Anglorum mare viriliter dejiciet*, (Neminus, p. 33.)

sent par leurs conseils ; les Francs et les Bretons ne peuvent plus dire : « Jésus-Christ et tous les saints du Paradis dorment (1) ».

La prédiction de Merlin va s'accomplir, la Lorraine et la Bretagne la redisent :

« Trois fontaines jailliront, dont les ruisseaux diviseront l'île en trois parties.

« Quiconque boira de l'eau de la première ne sera jamais malade et jouira d'une vie éternelle.

« Quiconque boira de l'eau de la seconde mourra d'une soif inextinguible avec un visage pâle et horrible.

« Quiconque boira de l'eau de la troisième mourra de mort subite et la tombe rejettera son corps.

« Pour éviter une telle calamité, les hommes du pays s'efforceront de tarir les deux sources malfaisantes par mille moyens ; mais toutes les matières qu'on y entassera prendront une autre forme. La terre se changera en pierre, la pierre se changera en bois, le bois se changera en cendres, la cendre se changera en eau.

---

(1) Dire breton datant de l'époque où la contrée fut envahie par les Normands. Orderic Vital, p. 552. C. f. *Chronique saxonne*, Ed. Earle.

« Alors du *bois chenu* sortira une vierge qui arrêtera le fléau.

« Après y avoir employé tous ses artifices, elle tarira de son souffle les deux fontaines malfaisantes : puis buvant à longs traits de l'eau de la fontaine salutaire, elle portera dans une main la forêt de la Calédonie, dans l'autre la tour de Londres.

« Quand elle marchera, sous ses pas jaillira une flamme accompagnée d'une fumée de soufre. Cette flamme réveillera les Flamands, et ils apprêteront un repas aux animaux qui vivent dans la mer.

« On verra la vierge ruisselante de pitié; elle poussera un cri terrible qui remplira l'île (1) ».

En apprenant l'existence, les visions de Jeanne d'Arc, Perinaïk sent son âme et son cœur profondément bouleversés, car elle aussi « a vu l'Eternel face à face », et l'humble créature dont

(1) *Myvyriam arch. of Wales.* t. II, p. 264. C. f. Prophetiæ Merlini (ed. san Morte, p. 96). (Extrait de Myrdhin, par le Vte Hersart de la Villemarqué, 1861, p. 329.)
Ce chant, attribué faussement à Merlin, fut appliqué à Jeanne d'Arc. Dans le procès fait à Rouen, les juges la questionnèrent sur cette prédiction, elle répondit : « Je ne crois pas aux prophéties de Merlin. » — Celle qu'on citait et que nous avons reproduite ne s'appliquait pas à elle.

le mensonge ne souilla jamais les lèvres « affirmoit et juroit que Dieu s'apparoit souvent à elle en humanité et parloit à elle comme amy fait a autre (1) ».

La pensée de cette voyante, sa sœur devant l'Esprit divin, va la poursuivre, elle est lasse de l'inutilité de ses jours, ses sentiments affectueux se développent, une généreuse ardeur communiquée par « l'Amy qui s'apparoit à elle en humanité », lui enjoint de se consacrer à une noble cause. Elle sait que tout mortel est responsable du bien qu'il aurait pu faire et qu'il n'aura su accomplir, que la paix du cœur réside dans ce qu'on croit être l'accomplissement de son devoir, et qu'à l'heure dernière de l'existence, il ne subsiste rien de ce que nous avons reçu, mais tous les bienfaits et toutes les œuvres saintes que nous semons sur la route aride de la vie comme des germes pour l'éternité.

L'imagination de la Bretonne l'emporte vers Jeanne, elle la voit combattre et prier, elle la contemple entourée d'hommes d'armes aux sombres armures, elle voit les anges aux ailes blanches qui planent au-dessus d'elle et la protègent. La

---

(1) *Journal de Paris.*

sympathie s'éveille, les tendances d'une attraction mystérieuse se précisent, elle ressent des appels indéfinissables, elle perçoit « une douce voix de femme » qui l'appelle :

Perinaïk ! fille des bardes, va donc rêver dans les brandes, dans la forêt, va respirer l'arôme des verveines, les senteurs du trèfle, les parfums des fleurs d'or, va chercher le gui sacré du chêne. Ecoute !

Ecoute, et les voix qui gémissent et passent dans les pins te diront tes présages : regarde si à ton passage le vieux druide se lèvera de sous son cromlech : contemple si le dolmen attend une victime.

Et quand tu passeras sous la porte de la ville forte aux vieux créneaux, lève les yeux, vois les armes de la Bretagne : *Potius mori quam fœdari* (1), mais, au-dessus de l'exergue, dans l'écu, cherche si une des hermines n'est pas sanglante.

Perinaïk ! fille du Christ, va prier dans ta chapelle aimée, va contempler Celui qui de la Croix ouvre ses bras à l'humanité : n'a-t-il pas fait de la virginité et du sacrifice le piédestal de la sainteté ?

---

(1) Plutôt mourir que s'avilir.

Lis les paroles gravées dans le granit fruste :

Entr'aimez-vous comme je vous ai aimés.

Ev. de saint Jean, ch. XV, v. II.

Il n'est pas de plus grande preuve d'amour que de donner sa vie pour ceux que l'on aime,

Ev. de saint Jean, ch. XV, v. XII.

Quand l'esprit viendra, il vous enseignera toutes les vérités, il vous fera connaître l'avenir.

Ev. de saint Jean, ch. XVI, v. XIII.

Prosterne toi sur les dalles consacrées, adore le Père tout-puissant, invoque le Fils rédempteur, écoute l'Esprit inspirateur.

Bretonne, appelle à toi tout le courage de ta race pour ne pas défaillir !

Vierge pieuse et voyante. suis ton chemin d'inspirée !

Dieu a donné Jeanne d'Arc à la France pour la sauver, il donne Perinaïk à Jeanne d'Arc pour la soutenir et affirmer sa mission divine par le sacrifice de sa vie.

Les Dires de Bretagne rapportent que dans « la nuictée », d'un des premiers jours de Mai 1429, des sons insolites éveillèrent les habitants ;

c'était comme le bruit houleux d'une immense foule qui passait, et sitôt après, tous les clochers de l'Armorique furent ébranlés, les cloches sonnaient un carillon d'allégresse, les cierges s'allumaient dans les églises et les âmes des soldats trépassés depuis des siècles se levaient pour chanter le *Te Deum* de la revanche contre *ar saozon*.

Peu de jours après, des chevaucheurs vinrent annoncer que les Anglais étaient vaincus par la Pucelle, Orléans délivré, la France victorieuse.

La clarté s'est faite dans l'âme de Perinaïk, elle a conversé avec « l'Amy » et comprend sa mission. Elle confie son secret à sa compagne, qui, pleine d'affection pour elle, remplie d'un saint respect pour la voyante, ne veut pas l'abandonner, et toutes deux, pélerines du dévouement, laissent leur Bretagne, leur demeure, leurs tombes, pour suivre le chemin frayé par le duc de Richemont et ses douze cents hommes d'armes.

Le matérialisme, ennemi du divin, du merveilleux, de l'idéal, n'admet pas les apparitions, les visions, les voyants : le positivisme met un sourire aux lèvres de ses adeptes, lorsque les questions de psychologie et de religion sont évoquées ; pour eux, la science est la seule suprématie, l'unique déterminante de tout entendement (1).

Ce sont les croyances pernicieuses du siècle contre lesquelles réagissent les gens religieux et ceux aussi dont l'intellect les entraîne à l'idéa-lisme, à l'insondable, au mystérieux au-delà ! Es-prits chercheurs, qui tendent à s'élever, à gravir les sommets, ils parviendront à la cause primor-diale, à la seule origine de toutes puissances phy-siologiques et psychologiques : à Dieu.

L'athéisme attribue tout aux forces naturelles, il ne peut admettre l'inspiration, puisqu'elle doit dériver d'un être supérieur ; laissons-le définir les effets sans trouver la cause, et gardons notre foi divine.

Dans toutes les religions, la révélation a sa part, le catholicisme l'admet : la toute-puissance de Dieu peut se servir d'intermédiaires. La diffi-

---

(1) « La science domine la matière, démontre l'esprit, comme l'esprit démontre Dieu. La matière n'a pas de science, parce qu'elle n'a pas d'esprit. L'homme acquiert la science, parce qu'il est un esprit, parce qu'il sait distin-guer le phénomène de la loi, la cause de la loi, et arriver ainsi jusqu'à Dieu. » (Sonier.)

culté est de voir juste, de discerner les voyants d'avec les imposteurs.

Dans les Saintes Ecritures, nous trouvons dans l'ancienne loi des prophètes, qui annoncent la venue du Messie, et menacent les Hébreux des punitions terribles de Jéhovah, puis ce sont des anges qui représentent la bonté céleste.

Dans la nouvelle loi, nous lisons l'admirable dialogue que l'inspiration divine met sur les lèvres d'Elisabeth et de la Vierge Marie, puis c'est le précurseur qui s'écrie : « Celui qui va venir après moi est avant moi. » Ce sont les anges qui annoncent la naissance de Jésus, et c'est le Christ lui-même qui, après sa mort, apparaît à ses disciples.

L'Esprit Saint descend et inspire les apôtres, saint Jean lègue l'Apocalypse, saint Paul dit qu'il a été ravi en Dieu.

Et parmi les saints et les martyrs, l'inspiration, les révélations, les apparitions ont leur part, arrivant à nous jusqu'aux mystiques entretiens de Jésus avec Marguerite-Marie, de la Vierge de Lourdes avec Bernadette.

La vue et l'entendement moral ne sont pas toujours le propre de la sainteté. Certains faits indéniables, insondables jusqu'à présent, se constatent et prouvent qu'il existe aussi une science entrevue seulement, et dont la connaissance nous démontrera quelle limite Dieu met aux perceptions de l'esprit humain. A cet ordre-là se rattachent le magnétisme, le somnambulisme, la catalepsie, les hallucinations, les influences télépatiques et autres phénomènes mystérieux.

Les apparitions et les entendements surnaturels de Perinaïk, comme ceux de Jeanne d'Arc, peuvent être contestés et attribués à des causes physiques et non divines. L'incrédulité à la mission de la Pucelle découle de l'incroyance contemporaine, les témoins de sa réhabilitation et les historiens du quinzième siècle n'ont jamais douté de l'inspiration divine qui l'a conduite. Les prélats qui, chaque année, prononcent à Orléans le panégyrique de la vierge de Domrémy, s'inclinent devant « l'extatique guerrière (1) », qui s'entendait dire : « Fille de Dieu, va ! »

(1) Mgr Pie.

CHAPITRE III

SACRE DE CHARLES VII. — PERINAÏK AUPRÈS DE JEANNE D'ARC. — FRÈRE PASQUEREL. — FRÈRE RICHARD. — CATHERINE DE LA ROCHELLE.

Jeanne continue sa course victorieuse, chasse l'ennemi de Beaugency, livre la bataille de Patay, le 18 Juin 1429, où trois mille Anglais (1) restent sur le sol ; Richemont et les siens contribuent fortement à la victoire (2). Le connétable avait prêté serment de fidélité entre les mains de la guerrière, mais le

(1) Wavrin dit 2,000 morts et 200 prisonniers. Dunois parle de 4,000, le *Journal de Paris* 2,208, Berri 2,200 et 400 prisonniers.

(2) Après la bataille de Patay, on vit dans le Poitou « des hommes armés de toutes pièces chevaucher dans l'aer sue ung grand cheval blanc... Tout le pays de Bretagne en fut espaventé, car le duc naguères avait fait serment aux Anglais. » *Procès*, p. 116.

3.

Roi, sous l'influence omnipotente de La Trémoille, le tint éloigné de lui.

Les supplications de Jeanne décident Charles VII à tenter le voyage de Reims pour se faire sacrer. « Pourquoi doutez-vous ? dit-elle, vous aurez votre royaume et serez couronné sous peu ». Et pour vaincre ses dernières hésitations, elle lui fit voir et entendre les Esprits qui la conduisaient (1).

Le Roi, la Pucelle, les seigneurs et douze mille hommes partent, les villes s'ouvrent à leur passage : Troyes, Châlons, Reims. Ils sont dans cette dernière ville le 16 Juillet ; le lendemain, au matin, le cortège se rend à la cathédrale : Jeanne porte son étendard : « Il avait esté a la paine cetait bien raison qu'il fuct a lonneur ». Le duc d'Alençon arme chevalier le prince, l'onction sainte lui est donnée par l'archevêque Renault de Chartres, entouré d'évêques et d'abbés, la couronne est posée sur la tête du Roi de France, et le peuple joyeux crie : « Nouel ! Nouel ! »

(1) « Ultra dixit quod rex suus et plures *alii audiverunt et viderunt* voces venientes ad quam Johannem ; et ibi aderat Karolus de Borbonis et duo aut tres alii. » *Int.* 22 Février, t. I, p. 57. « Et habuit Rex suus signum de factis suis, priusquam vellet ei credere. » *Int.* 27 Février, p. 75.

« A toute nationalité correspond une dynastie en laquelle s'incarnent le génie et les intérêts de la nation ; une conscience nationale n'est fixe et ferme que quand elle a contracté un mariage indissoluble avec une famille qui s'engage par le contrat à n'avoir aucun intérêt distinct de celui de la nation. Jamais cette identification ne fut aussi parfaite qu'entre la maison Capétienne et la France. Ce fut plus qu'une royauté, ce fut un sacerdoce ; prêtre-roi comme David, le roi de France porte la chape et tient l'épée, Dieu l'éclaire en ses jugements. Le roi de France est juste. Entouré de ses prud'hommes et de ses clercs, solennel, avec sa main de justice, il ressemble à un Salomon. Son sacre, imité des rois d'Israël, était quelque chose d'étrange et d'unique. La France avait créé un huitième sacrement qui ne s'administrait qu'à Reims, le sacrement de la royauté. » (1).

Perinaïk et sa compagne cheminent, elles s'ar-

(1) *La Monarchie constitutionnelle en France*, par RENAN. Dans la *Réforme intellectuelle et morale*, p. 250-251, paru en Novembre 1869 dans la *Revue des Deux-Mondes*.

rêtent parfois pour prier dans quelques chapelles dont la réputation attire les pélerins : elles se font indiquer les villes par lesquelles les leurs ont passé, et apprennent que Jeanne poursuit sa tâche avec succès. Les voyageuses parviennent enfin à rejoindre l'armée auxiliaire des Bretons : présentée par ses compatriotes à la guerrière, Perinaïk lui est attachée et entre parmi ceux de sa maison.

L'histoire ne relate malheureusement pas les détails de leurs rapports, mais il est aisé, par certains traits de ressemblance entre ces deux femmes, par les déclarations faites plus tard par la Bretonne, de reconstituer par induction les quelques mois qu'elles passèrent ensemble.

Jeanne et Perinaïk ont des affinités nombreuses entre elles : foi, charité, apparitions, virginité, patriotisme, telles sont les bases sur lesquelles repose leur union.

Au début de leur liaison, si Jeanne ignorait l'âme de sa compagne, ses voix purent la lui dévoiler : mais la nouvelle venue la connaissait : elle l'avait pressentie. En désirant partager sa vie et ses périls, elle entendait se donner dans la plénitude de son cœur : les âmes généreuses savent faire abstraction de leur personnalité, car il n'est pas d'amour sans renoncement. La sympathie qui l'avait conduite se transforma promptement en une affection sincère qui compensa par la profondeur de ce sentiment, la nouveauté de l'impression ressentie.

Il y avait deux êtres en Jeanne d'Arc : la guerrière et la femme.

La guerrière, inspirée par Dieu et les saints, est un général en chef admirable pendant l'action : elle dirige l'artillerie avec science et conduit l'attaque avec fougue. Dunois disait : « Avant elle huit cents ou mille soldats ne tenaient pas contre deux cents Anglais, après l'arrivée de Jeanne, au contraire, quatre ou cinq cents des miens eussent eu raison de l'armée ennemie (1) ».

Femme, elle est toute « simplesse », profondément pieuse, elle s'approche souvent des sacrements, prie beaucoup, engage les chevaliers et les hommes d'armes à se confesser, et les prêtres qui l'entourent réunissent les armées pour adorer Dieu.

Charitable, elle s'occupe des blessés, les panse, les console. « Jamais je n'ai vu couler le sang français sans que les cheveux me dressassent sur la tête (1) ». Sa pensée ne s'arrête pas sur la terre, elle prie pour les âmes des morts.

(1) Déposition dans le procès de réhabilitation.
(2) Siège d'Orléans.

Chaste, elle impose le respect aux Français. « Ni moi ni les autres, quand nous étions avec elle, n'avons eu de mauvaises pensées : il y avait en elle quelque chose de divin (1) ». On peut ajouter qu' « à l'aspect des saints, les passions se taisent, et le vice se prend à rougir de lui-même (2).

Elle ne supportait aucune infraction à la bonne conduite, toute femme dont la vie était suspecte était chassée de l'armée ; c'est en repoussant une ribaude du plat de son épée, que l'arme de sainte Catherine de Fierbois se brisa dans la main de la Pucelle.

Avec des vertus féminines semblables, la société des camps était souvent pénible à Jeanne. Dans tous les séjours qu'elle fait dans des villes, elle loge chez des femmes vertueuses et les édifie par sa conduite, « ses récits les foisaient plorer ». Une femme manquait à sa maison, l'arrivée de la Bretonne fut un secours providentiel; ce n'étaient plus des rapports changés à chaque étape des troupes, c'était la société continue d'une compagne aimée : le cœur ressent aussi sa pudeur, on ne concède

(1) Dunois, dép.

(2) Mgr Freppel, *Panégyrique de Jeanne d'Arc*.

pas son intimité, et on n'ouvre pas le livre de sa vie aux relations passagères.

Les deux jeunes filles pouvaient se confier leurs pensées, leurs apparitions. « J'avais à peine treize ans, j'étais dans le jardin de mon père, un jour d'été, vers l'heure de midi, j'entendis une voix à droite ; c'était l'archange Michel. Il m'enseigna et me montra de telles choses, que je compris et crus que c'était lui. Je crois aussi fermement à ce que j'ai vu, que je crois à la passion et à la mort de Jésus-Christ, notre Sauveur (1). »

Et Perinaïk redisait à Jeanne, en échange de ses confidences, ce que « Jésus » murmurait près d'elle dans les landes et les forêts de Bretagne.

C'était par allusion à ce temps d'intimité que Jeanne, dans son procès à Rouen, répondait que « son gouvernement estoit d'homme ; mais quand au logis, avoit le plus souvent une femme avecques elle ; et quand elle estoit en guerre, elle gisoit vestue et armée là où elle ne trouvoit des femmes. »

(1) D'après Goerres, *Vie de Jeanne d'Arc.*

Jeanne d'Arc ne restait pas oisive : le moissonneur qui compte les heures de sa journée se hâte au travail en voyant survenir le déclin du jour. La Pucelle savait que sa mission serait courte, que peu de mois lui étaient accordés pour l'accomplir, or donc elle pressait « le Roy » de poursuivre les Anglais.

Après le sacre de Charles VI, il convenait de diriger les opérations militaires sur la capitale du royaume : le roi de Bourges devait être roi à Paris. Malgré cette détermination, la petite troupe ne s'y dirigea pas directement, car elle crut pouvoir traiter de la paix avec le duc de Bourgogne. Après bien des hésitations, le 13 Août, le Roi, son armée, Jeanne et sa maison étaient à Lagny et à Dammartin ; à la fin de ce même mois, à Saint-Denis, poursuivant un ennemi qui se dérobait pour se replier sur la capitale: le Roi n'arriva que le 7 Septembre et, le lendemain, les troupes attaquèrent Paris. On espérait qu'un mouvement des assiégés favoriserait les assiégeants : il n'en fut pas ainsi, les Anglais paralysèrent les menées des Armagnacs dans la capitale et repoussèrent l'armée royale; Jeanne même fut blessée.

Charles VII. déconcerté de cet insuccès, fit battre en retraite : les troupes revinrent le 13 Septembre, par Lagny, Provins, Bray et Gien, où une grande partie des soldats fut licenciée ; les subsides manquaient pour continuer la campagne, on ne pouvait plus que défendre les places françaises.

Jeanne reste quelque temps près du Roi, puis La Trémoille l'envoie à Bourges présider aux préparatifs d'une expédition contre Saint-Pierre-le-Moutiers ; elle y séjourne trois semaines, chez la femme du receveur général des finances, Regnier de Bouligny : Marguerite La Tourloude. Nous la voyons ensuite, au mois de Novembre, à la prise de Saint-Pierre, puis à l'échec de La Charité ; au commencement de Décembre, elle est à Mehun, près du Roi, et enfin se rend à Jargeaux, avec sa fidèle compagne.

Le Frère Richard est dans cette ville ; il officie pour la fête de Noël et célèbre les trois messes permises à chaque prêtre. Par une faveur toute spéciale, il donne la sainte communion trois fois à Jeanne, et deux fois à Perinaïk ; la même foi les unit, la même manne les fortifie pour les préparer au même holocauste. Le ciel sourit et s'entr'ouvre à ces extatiques créatures, son Hôte éternel peut résider dans leurs âmes virginales : ne conversent-elles pas fréquemment avec l'« Amy », avec saint

Michel archange, sainte Catherine d'Alexandrie, sainte Marguerite d'Antioche ?

Vierges et martyres futures, elles doivent être placées d'ores et déjà au-dessus des simples fidèles : l'Hermine et le Lys peuvent entourer le tabernacle.

« Messire a un livre dans lequel aulcun clerc n'a jamais lu quelque parfait qu'il soit en clericature. »

Jeanne vit sur ce missel que Perinaïk était une fille sainte, que son aumônier Pasquerel était un prêtre vertueux, Frère Richard un exalté, Catherine de la Rochelle une trompeuse.

Jean Pasquerel, de l'ordre des Frères Ermites de Saint-Augustin, était lecteur d'un couvent de cet ordre à Tours, en 1429. De passage à Anché, il fait la connaissance de Jean de Metz, de Bertrand de Poulenguy et d'un des frères de Jeanne d'Arc.

Ceux-ci le prient instamment de venir voir la guerrière: il y consent. « Jeanne, nous vous amenons un bon Père que vous aimerez ». disent les jeunes hommes. La Pucelle s'adressant au prêtre répond : « Je suis bien aise de vous recevoir, j'ai entendu parler de vous, et dès demain je me confesserai. » Elle le fait, le religieux chante la messe et il est dorénavant attaché à la maison de Jeanne comme son aumônier particulier. Il la suit dans toutes ses campagnes : la captivité seule l'en sépare, car les Anglais ne lui permettent pas de la consoler dans sa prison, malgré les efforts qu'il dut faire pour y pénétrer.

Cité comme témoin dans le procès de réhabilitation de Jeanne, Frère Pasquerel parle avec respect de son ancienne pénitente. « Je crois fermement qu'elle a été envoyée de Dieu, elle n'a fait que du bien, elle était remplie de toutes les vertus. Elle avait grande pitié des pauvres soldats, même des Anglais : lorsqu'elle en voyait de mourants ou de blessés, elle les faisait confesser. Souvent Jeanne m'a exprimé le désir que le Roi voulût bien, si elle venait à mourir, faire élever une chapelle. où l'on prierait pour l'âme ceux qui seraient morts pour la défense du royaume. » (1)

Pasquerel était un moine occupé de ses devoirs,

---

(1) Prolégomènes. O. Reilly. *Procès de Jeanne d'Arc.*

prêtre selon Dieu, directeur prudent de l'âme de Jeanne et de Perinaïk ; il fait opposition, par son calme, au fougueux Frère Richard, qui ne fut qu'un des chapelains de la Pucelle.

Disciple de saint Vincent Ferrier et de saint Bernardin de Sienne, le cordelier Richard vient d'Italie. C'est l'orateur des foules : à peine est-il monté sur un banc, le crucifix à la main, qu'il attire les passants autour de lui : il arrive de la Terre-Sainte, passe par Lyon, la terre des martyrs, et prêche l'Avent de 1428 à Troyes.

Il exalte le culte du Nom de Jésus et annonce la prochaine venue de l'Antechrist ; les populations sont terrifiées. Il s'écrie : « Semez des fèves largement, celui qui doit venir viendra en bref. » Les habitants croient à sa parole et sèment des champs de fèves.

De Troyes il se rend à Paris pour prêcher le Carême de 1429 : c'est à Sainte-Geneviève qu'il se fait entendre, le 16 Avril ; mais l'enceinte d'une église ne lui suffit bientôt plus, et sa prédication se fera devant tout le peuple. Il s'établit « au charnier des Innocents en face la danse macabre »(1)

(1) Peintures murales appliquées sur les arcades du charnier.

et, debout « sur ung hault eschaffaut de neuf pieds »(1), il parle dès cinq heures du matin et continue jusque vers onze heures, s'adressant à cinq ou six mille personnes. « Dix jours ainsi édifient plus le peuple que les *sermoneurs* ne l'avaient fait depuis cent ans, aussi les Parisiens allument de grands feux dans lesquels ils jettent les cartes et les dés, les femmes leurs *attours* pour détruire tout objet capable de provoquer l'amour du gain, la colère, la vanité. » Le cordelier annonce de grands prodiges pour l'année suivante ; mais les Anglais, inquiets de sa popularité, craignent aussi qu'il n'ait des accointances avec les Armagnacs et lui délèguent la Faculté de Théologie, l'Inquisiteur, le Prévôt de Paris, pour qu'il cesse ses sermons.

Devant des menaces, le Frère Richard trouve opportun de fuir dans la nuit du 13 Avril, laissant les Parisiens dans les larmes.

Il retourne à Troyes, et lorsque Charles VII passe par cette ville pour se rendre à Reims, il contribue à lui en faire ouvrir les portes. Les habitants « l'envoyèrent devers Jeanne(2), doubtants

(1) Cité dans Ménorval, *Paris depuis ses origines jusqu'à nos jours.*

(2) « Je ne l'avais oncques veu quand je vins à Troyes » *Procès.*

et disants qu'ils craignaient que ce ne fust pas chose de par Dieu et quand il vint devers elle il faisoit le signe de la croix et gectoit eau benoite ». Elle lui dit : « Approchez hardiment je ne me envouleray point. » (1)

Elle s'entretient avec lui, le gagne à la cause nationale, et fait manger par les soldats du Roi les fèves que le moine avait fait semer.

En 1429, le Frère Richard célèbre la Nativité à Jargeau : en 1430, il prêche le Carême à Orléans.

Mais c'est par erreur qu'il a été dit de lui : « Frère Richard indépendamment de l'héroïque Jeanne, avait également pour pénitentes deux jeunes illuminées, l'une nommée Pierronne, et l'autre Catherine de la Rochelle, dont il attisa le zèle et favorisa les pieuses illusions. (2)

Frère Pasquerel, dont le témoignage a été demandé au Procès de réhabilitation de Jeanne d'Arc, dit formellement que lui-même fut son aumônier depuis Tours jusqu'à sa prise à Compiègne. Ce n'est pas parce que Jeanne et Perinaïk

(1) *Chroniques nationales françaises*, Buchon.

(2) Vallet de Viriville. *Histoire de Charles VII.*

reçurent la communion des mains du Frère Richard, qu'elles furent ses pénitentes.

Jeanne et Perinaïk connurent aussi Catherine de La Rochelle, mais ne l'eurent pas pour amie. Cette femme avait quitté son mari et ses enfants pour « aller par les bonnes villes chercher de l'or et de l'argent pour payer les gens d'armes de la Pucelle », se disant inspirée par une « dame blanche vestue de drap d'or ». Catherine voit Jeanne à Jargeau et à Montfaulcon en Berry, elle lui parle de son projet de continuer la propagande en sa faveur ; Jeanne la détourne de cette pensée et lui conseille de reprendre le chemin de son logis, et de s'occuper de son mari et de ses enfants ; l'avis ne lui plaît pas.

Frère Richard désire qu'on la laisse suivre son inspiration et traiter la paix avec le duc de Bourgogne, si toutefois son intermédiaire est accepté ; mais Jeanne ne veut pas de fausse visionnaire près d'elle, pas plus qu'elle ne supporte de femmes de mauvaise vie : l'imposture et le vice lui sont également odieux. Elle veut donc vérifier par elle-même les apparitions de Catherine ; elle passe plusieurs nuits dans sa chambre, veillant ou sommeillant, sans que « la dame blanche vestue de drap d'or » apparaisse. L'hallucinée est déçue par ce contrôle : sainte Catherine et sainte Marguerite, consultées par Jeanne, disent que « c'estoit tout néant. » Le Roi, informé de ce qui se passe, ne confie aucune mission à cette femme. Elle ne se déconcerte pas cependant, et comme ses devoirs d'épouse et de mère la préoccupent très peu, elle suit une fraction de l'armée, va dans les camps, dans les villes, et même à Paris pendant la captivité de Jeanne.

La Pucelle avait en son cœur un sentiment intense de « la pitié qu'il y avait au royaume de France » ; elle voulait des auxiliaires pour le combat et la prière, elle appréciait le bonheur d'avoir près d'elle ses deux fidèles Bretonnes, mais sa loyale nature repoussa Catherine de La Rochelle.

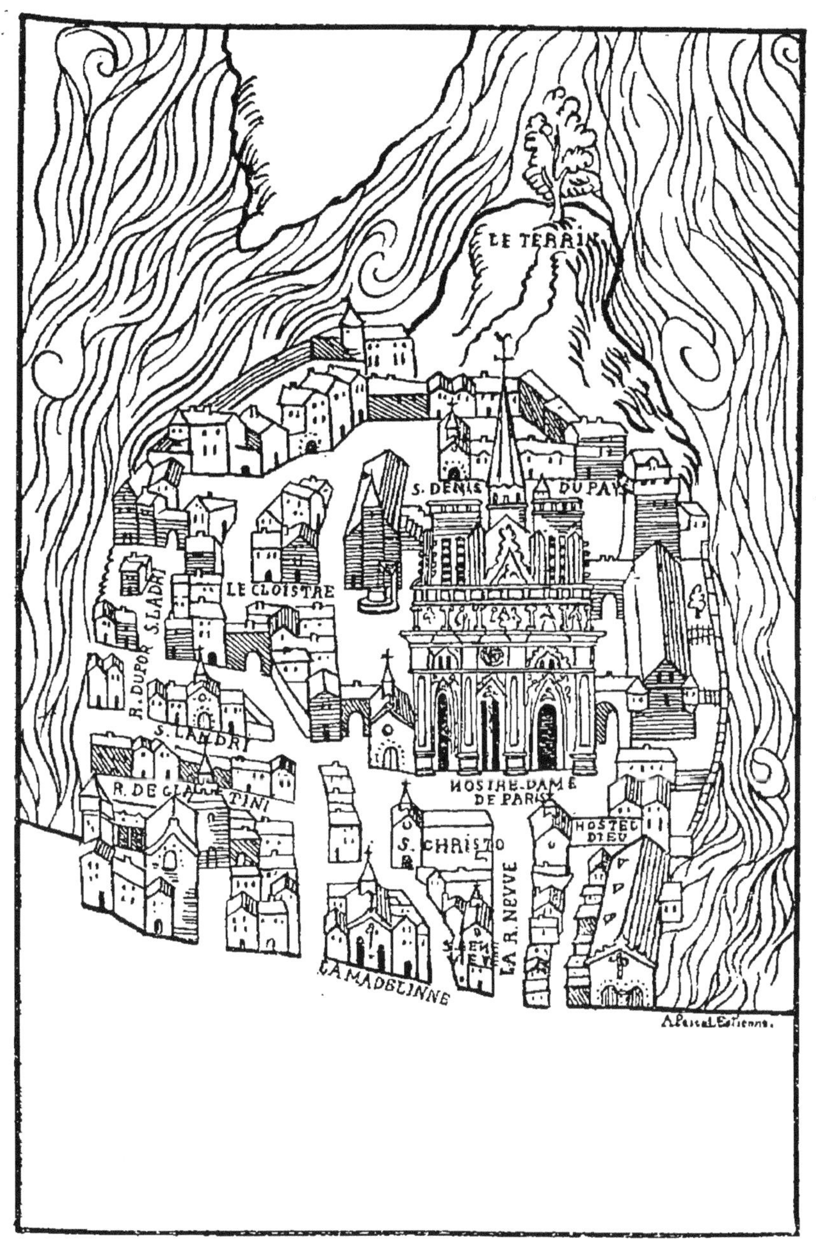

Basilique Nostre Dame à Paris, Prisons du For-l'Evesque (à droite)
Place du puis Nostre Dame (à gauche).

Extrait du plan dit de Bâle (1552).

CHAPITRE IV

CAPTIVITÉ DE PERINAÏK. — JURIDICTION ECCLÉSIASTIQUE. — DOMINATION ANGLAISE. — UNIVERSITÉ. — INQUISITION. — PROCÈS DE PERINAÏK, SA MORT, 3 SEPTEMBRE 1430

JEANNE d'Arc vint à Bourges en Janvier 1430, pour passer quelques semaines auprès de la reine Marie d'Anjou, puis elle alla à Orléans, et de là à Sully. L'oisiveté de la cour ne pouvait convenir à cette âme ardente, l'action la sollicitait. Elle partit vers la fin de Mars pour rejoindre les Armagnacs, qui faisaient « bonne guerre » vers Lagny. Elle était convaincue que les essais de conciliation n'aboutiraient pas avec les Anglo-Bourguignons, et « qu'on ne trouverait pas de paix, sinon par le bout de la lance (1). »

(1) *Procès*, interrogatoire du 3 Mars.

La Pucelle emmène avec elle son écuyer, d'Aulon, le Frère Pasquerel, son aumônier, ses officiers et autres gens de sa maison. Aussitôt arrivée, elle aide à « bouter les Anglais hors de France. » Successivement elle se rend à Compiègne, à Senlis, à Crépy-en-Valois, à Soissons. Le 15 Avril, jour de la fête de Pâques, Jeanne est à Melun ; ses voix lui parlent et l'avertissent qu'elle sera prisonnière avant la Saint-Jean.

Une épreuve étreignait déjà son cœur : dans un des nombreux déplacements de la petite troupe française, Perinaïk, sa compagne bretonne, et quelques soldats avaient été capturés par les ennemis sur le territoire de Corbeil. La ville appartenait aux Anglais depuis l'été précédent, la place était gardée par des Bourguignons, que commandait Gérard de Toulongeon. (2)

Les deux captives pensaient que leur détention serait de courte durée, leur cause n'étant pas semblable à celle des hommes d'armes. Prises avec des Armagnacs, il est vrai, leur solidarité établissait un grief ; mais il leur semblait facile de prou-

(1) *Procès*, interrogatoire du 10 mars.

(2) Bibliothèque nationale, titres scellés de CLAIREMBAULT, vol. 105, p. 8,229.

ver que leur mission avait été toute pacifique, et elles espéraient être libérées dans peu de jours.

« Le prevost de Paris est garde de la Prévosté et vicomté de Paris soubs le Roy notre sire qui est le vray prevost. (1) »

Premier magistrat civil et politique de la capitale, il a droit à la connaissance de tous les cas, tant criminels que civils, qui surviennent sur les terres des hauts justiciables (2); Corbeil faisait partie de la vicomté de Paris comme « chastellenie » ; les sergents à cheval allaient jusque-là, et devaient « tenir la campagne sûre et exploiter dans toute l'étendue de la prévôté et vicomté de Paris. Ils escortèrent les deux Bretonnes, qui fu-

---

(1) « Depuis le Roy saint Louis ainsi a été fait depuis mil deux cens cinquante et deux jusques à présent mil cinq cens trente cinq. » Le Grant Coustumier de France, Galliot du Pré, 1535, éd. Laboulaye et Dareste. — Paris. 1868.

(2) Corbeil, Monthléry et Ferté-Aleps étaient trois fiefs réunis dans la main du Roy de France. Leurs possesseurs étaient aussi vassaux de l'évêque, comme tenant de lui des biens de son église, et ces biens formaient, par rapport à celle-ci, de véritables arrière-fiefs. Les seigneurs de ces villes et châteaux avaient des redevances annuelles de cierges, ils faisaient partie des dignitaires porteurs de l'évêque à son installation. LXIX, *Cartulaire de l'Eglise Notre-Dame de Paris*. Guérard, 1850.

rent amenées au Châtelet, pour comparaître devant la Prévôté. Celle-ci était composée de Simon Morhier (1), fanatique Burgo-Anglais, ayant sous ses ordres deux lieutenants, criminel ou civil, ainsi qu'un grand nombre d'employés inférieurs.

Les prévenues furent interrogées sur leurs antécédents ; Perinaïk connaissant seule la langue française, put répondre aux questions qui leur étaient posées ; elle déclara franchement qu'elle était la compagne de Jeanne d'Arc et partageait sa vie depuis plusieurs mois.

Le Prévôt pensa que la prise était importante, parce que les jeunes filles pourraient fournir des indications précises sur cette Pucelle que ses ennemis désiraient « ardoir » depuis son entrée en campagne. Amies de Jeanne, de cette « créature en forme de femme que cestoit ce que Dieu scet ! (2), elles devaient connaître et pratiquer les maléfices; peut-être même étaient-elles hérétiques et comme telles appartenaient-elles à la juridiction ecclésiastique. En conséquence, elles furent emprisonnées dans les cachots épiscopaux.

Le bruit de la lourde porte qui séparait les pau-

(1) Il était investi de cette fonction depuis 1422.

(2) *Journal de Paris.*

vres captives des autres humains, tomba lugubrement sur leurs espérances : elles commençaient à apprendre qu'il n'y a point de justice à espérer de juges dominés par les passions humaines.

La suprématie religieuse juridique avait été attribuée à l'évêque de Paris dès les origines de l'Eglise dans cette ville. Elle prit une grande extension sous les princes très chrétiens ; l'exercice de la temporalité fut un héritage spécial du patrimoine légué à l'évêque par un fils des rois de France qui abandonna ses droits à son frère puîné pour entrer dans les ordres, et qui devint évêque de Paris (1).

Ce prince de l'Eglise était considéré comme au-dessus des hauts barons du royaume ; ceux-ci devaient, comme hommage, le porter au jour de son installation (2).

Au Moyen-Age, Notre-Dame, comme presque toutes les cathédrales françaises, était rivale des grands fiefs de la royauté. Le Chapitre avait le droit d'élire l'évêque ; celui-ci rendait haute, moyenne et basse justice dans certains quartiers

(1) Déclaration faite au Parlement par le roi Jean, 1363. — Grancolas II, 182, *Cartulaire de Guérard*, LXXXI.

(2) Les sires de Montmorency, comtes de Saint-Paul, de Bretagne, etc.

de la capitale, sauf dans certains cas de rapt et de meurtre réservés au Roi. Il avait sa cour, où la justice était rendue par lui-même ou par son représentant, puis par un magistrat nommé Official.

Le temporel était régi par un bailli, un prévôt et des officiers subalternes. « Les appels des sentences du bailli étaient portés au Parlement (1). Le gouvernement exerçait cependant un certain contrôle.

Il était défendu aux « gens de l'Official » d'arrêter un coupable sans commission de la Prévôté ; le « maistre des hérésies » requérait parfois contre des individus soupçonnés de « mépris contre la foy » ; il pouvait le faire verbalement près du juge ou envoyer ses « sergeans » avec une lettre de réquisition informant du motif de l'emprisonnement préventif ; la réponse était écrite et transmise à l'Official par les « sergeans ». Le *Coustumier de France* ajoute : « Affin que les officiers de la court ecclesiastique n'entreprennent sur la juridiction temporelle, nous enjoignons a nostre procureur en cour déglise qu'il aille par chascune sepmaine ès jours de mécredy et samedy et aultres

(1) *Cartulaire*, LXXXIII.

(2) P 42.

plaidoyables ès auditoires des évesques, archidiacre et chapitre de Paris et face diligence de ouyr durant les plaidoyers les matières dont l'on y traitera. »

L'évêque et le Chapitre n'étaient pas seuls à statuer sur le sort des prévenus ecclésiastiques ; l'Université et l'Inquisition, deux puissances redoutables, avaient leurs droits sur les hérétiques ou autres accusés de crimes religieux.

Depuis que Paris était sous la domination anglaise, son aspect avait changé. ses habitants avaient beaucoup souffert. L'époque oppressive date de 1418, année dans laquelle le duc de Bourgogne entra dans Paris, s'allia avec Isabeau de Bavière et prépara l'avènement du roi d'Angleterre en France. Les évènements ultérieurs ne firent qu'aggraver la situation.

Les communications étaient interdites entre les familles de la capitale et ceux de leurs membres qui appartenaient au parti opposé. Tout individu qui venait d'un pays fidèle au Dauphin devait être livré au nouveau gouvernement, même par ses parents ; des lettres de rémission pouvaient être obtenues après, si le juge le trouvait opportun (1).

La misère, la famine, l'épidémie ravagèrent la capitale ; quelques essais de revendication française eurent lieu et furent réprimés (2), les rares patriotes fidèles cachaient leurs sentiments. La bande blanche et droite des Armagnacs se mesurait rarement avec la croix rouge oblique de Saint-André : c'était l'heure de la terreur saxonne et de la couardise parisienne.

Jean de Bedford ne règne pas, mais il gouverne intelligemment au nom de son neveu ; il est puissant et s'entoure de toutes les forces de la justice, de la religion, de la science et de l'administration : il dépose l'évêque et le Chapitre de Notre-Dame, qui, ayant refusé d'obéir aux envahisseurs, quittèrent la ville et furent remplacés par les créatures des Anglais. Le régent exige qu'un serment de fidélité lui soit prêté par l'évêque, le Chapitre, le Parlement, l'Université, le clergé, les moines, les prévôts, échevins, baillis, etc.

Après l'assaut de Paris, donné le 8 septembre

(1) *Paris pendant la domination anglaise*, 1420-1430. Aug, Longnon. — Paris 1878.

(2) Vallet de Viriville compte huit conspirations, de 1422 à 1434.

1429 par Jeanne d'Arc, plusieurs bourgeois et notables suspectés de connivence avec l'armée de Charles VII, sont mis à l'écrou, détenus de longs mois, jugés et condamnés, le 8 Avril 1430, à être écartelés, décapités, etc. : c'était un avertissement donné à ceux qui osaient encore penser à la réintégration de la royauté française dans les murs de Paris.

Par une savante politique, le régent s'était non seulement concilié, mais inféodé l'Université.

Ce corps savant (1) tirait son nom du mot latin *Universitas*, réunion de personnes. Ce fut, à l'origine, une assemblée permanente composée d'artistes qui enseignaient les arts et la philosophie. En 1151, le pape Eugène III fit adjoindre des facultés pour l'enseignement de la théologie et de la jurisprudence canonique (Décrets). Philippe-Auguste, l'an 1200, garantit solennellement, par

(1) Voir l'*Histoire de l'église, de la ville et de l'Université de Paris*, J. Grancolas, 1728.

un diplôme, les droits de cette association contre la justice laïque. Les statuts furent promulgués en 1215, alors que l'Université était déjà groupée sous la direction d'un recteur, chef suprême, marchant de pair, dans les cérémonies publiques, avec l'évêque et le Parlement.

Innocent III fit adjoindre aux Facultés qui existaient des maîtres en droit ; Grégoire IX, en 1231, des médecins ou physiciens.

L'Université était à son apogée en 1253, elle était florissante et comparait orgueilleusement ses quatre Facultés aux quatre fleuves du Paradis terrestre.

Les élèves affluaient de tous les côtés : ils étaient divisés en quatre sections, dites nations : France, Angleterre, Normandie, Picardie.

Le roi Charles V lui accorda le titre glorieux de « Fille aînée des Rois de France ».

L'Université eut souvent des démêlés avec l'autorité épiscopale, dont elle devait supporter le contrôle. Le chancelier de l'Eglise de Paris scellait du sceau du Chapitre, par ordre de l'évêque, certains actes, particulièrement les lettres de licences, parce qu'elles constituaient un témoignage de foi, en même temps que de capacité, et comme telles, nécessitaient l'attestation épiscopale. L'Université trouva le procédé abusif, voulut secouer le joug et adopta un sceau ; le légat du pape, pris pour arbitre dans le conflit, fut poursuivi par les « escoliers » en armes, dut quitter Paris, et excommunia les insulteurs (1).

Les luttes entre les pouvoirs civils et religieux entraînèrent parfois la cessation des cours faits aux élèves ; en 1221, ce cas se produisit à l'occasion d'une contestation survenue avec l'évêque ; l'Université n'enseigna pas pendant six mois ; en 1228, le fait se renouvela avec la reine Blanche de Castille, et dura deux années.

La prospérité de l'Université déclina quand les questions politiques s'y introduisirent ; la science, les arts, la philosophie, la théologie, ne pouvont s'accommoder des préoccupations de partis. La décadence se manifesta en 1380, parce que la maison de Bourgogne entretenait des docteurs dans les diverses Facultés.

Le fanatisme permit, en 1407, à « Maistre Jean Petit » de monter en chaire pour défendre les meurtriers du duc d'Orléans et prononcer l'apologie de l'assassinat politique.

Sous la domination anglaise, l'Université man-

(1) GRANCOLAS.

qua complètement de patriotisme : elle se montra avide de l'argent et des faveurs de l'étranger, et s'estimait fort honorée de s'entendre appeler : « Nostre tres chière et amée fille ».

En l'année 1428, le duc de Bedford offre un banquet somptueux aux dignitaires de l'Université et aux officiers du Parlement : mille personnes se pressent autour des tables, où plus de quarante muids de vin sont bus à la santé des envahisseurs.

La licence survenue pendant l'occupation étrangère n'avait plus de bornes ; les clercs et les séculiers oubliaient tous leurs devoirs ; un concile provincial, présidé par Jean de Nanton, archevèque de Sens, est assemblé, en 1420, dans le collège de Saint-Bernard (1); les évèques de Paris, de Meaux, de Chartres, de Troyes y assistent ; ceux de Nevers, d'Orléans, d'Auxerre s'excusent de leur abstention. L'Université de Paris y prend une part importante, en déléguant un grand nombre de docteurs de la Faculté de théologie.

(1) Fleury, *Histoire ecclésiastique.*

Le concile essaie de mettre un frein aux passions déchaînées, et constitue des règlements pour la réforme du clergé et des moines.

On leur reproche justement leurs mauvaises mœurs, le trafic dans les églises, le jeu, la vanité, la paresse, les faux en écriture, l'ivrognerie ; les sept péchés capitaux étaient énoncés et réprimandés en vingt-neuf articles.

Les laïques sont exhortés à remplir avec fidélité les prescriptions de l'Eglise : jeûnes, abstinence, confession, communion. En même temps que la foi patriotique, la foi religieuse et les pratiques de dévotion semblaient sombrer.

L'Université de Paris fournissait aussi des docteurs en droit (Décrets) et en théologie au tribunal de l'Inquisition ; on voit ces assesseurs dépourvus de sagesse, de prudence, toujours passionnés pour ou contre les causes qui leur étaient soumises. Ils étaient acharnés contre les Templiers en 1312 ; ils furent vils et cupides en 1421, dans le procès de Jeanne d'Arc (1).

(1) Les envoyés universitaires reçurent entre eux 750 livres tournois (plus de 30.000 francs actuels) et de nombreuses faveurs.

L'Inquisition, établie en Italie et en Espagne en 1215, fonctionna en France, mais n'y fut jamais populaire (1). Cette importation étrangère ne convenait pas au caractère français, les mœurs même du Moyen-Age se révoltaient contre son fanatisme et ses châtiments. Le midi de la France seul s'y prêta, et elle y sévit rigoureusement ; à Paris, elle fut toujours contrebalancée par les droits épiscopaux.

Le but de l'Inquisition était excellent, puisqu'il consistait à maintenir la foi catholique : ce point de départ, louable en lui-même, fut bien vite outrepassé par les membres de ce redoutable tribunal, et les formes du Saint Office devinrent intolérables par les empiètements des inquisiteurs sur la justice civile, par la rigueur de leurs arrêts, par le secret de la procédure (2).

L'Inquisition condamna d'abord les hérétiques, puis elle étendit ses poursuites aux blasphémateurs, sacrilèges, devins, sorciers, enchanteurs, etc. Elle atteignit ensuite ceux qui n'accomplissaient pas les prescriptions de l'Eglise.

---

(1) Elle fut abolie en 1772.

(2) En 1301, Philippe le Bel défendit à l'Inquisition d'arrêter les hérétiques et de les juger seule, l'évêque et le sénéchal devaient agir avec elle.

Les arrêts du code inquisitorial étaient divers : les criminels étaient brûlés, ou bannis, ou condamnés à la prison perpétuelle ; leurs biens pouvaient être confisqués, leurs droits civils abrogés. Les punitions modérées étaient l'excommunication temporaire, les pénitences corporelles, les pèlerinages lointains.

Primitivement le pape nomma les inquisiteurs, puis il concéda le privilège des nominations aux prieurs, provinciaux des Frères Prêcheurs : les évêques réclamèrent près de l'autorité papale et obtinrent de donner leur avis sur le choix des inquisiteurs.

Hugues de Verdun remplissait la charge d'Inquisiteur général de la foi pour le royaume de France, en 1430, et Jean Graverend, dominicain, celle de Grand Inquisiteur à Paris.

Le régent, duc de Bedford, sentit la nécessité de tenir ferme les rênes de son gouvernement et de rassembler ses forces après le 8 Septembre 1429 : le serment de fidélité à Henry VI fut renouvelé par l'évêque, le Chapitre, le prévôt, le maître des comptes, l'Université, les prêtres des paroisses, les moines.

Les Parisiens étaient ainsi Anglais assermentés, leur intérêt les portait à satisfaire le maître qu'ils s'étaient donné.

Avec ces précédents, la justice fonctionnant à Paris perdait sa qualité fondamentale d'intégrité ; elle était rendue d'après un sentiment anti-français, sympathique pour les Bourguignons, haineux envers les Armagnacs. Déplorables tendances de parti qui anéantissaient la conscience chez les juges et faisaient des victimes par intimidation et par vengeance.

Tels étaient les hommes de la juridiction ecclésiastique, membres de l'épiscopat, de l'Université, de l'Inquisition, devant lesquels les deux Bretonnes vont comparaître : la robe du juge cache celle d'un bourreau.

Là-haut, entre ciel et terre, dans la tour massive et redoutée, les deux enfants de la lointaine Armorique gémissent et prient : la cage aux lugubres barreaux ne laisse pénétrer aucun rayon d'espoir humain, et voici que, tout au bas, dans la salle de l'Official, les séides du Léopard aiguisent leurs griffes vengeresses.

Dès la seconde moitié du douzième siècle, vers l'an 1161, Maurice de Sully fit construire le palais épiscopal (1) sur une ligne parallèle à la cathédrale du côté de la Seine (2). Une double chapelle y fut jointe avec une tour très élevée pour contenir les cloches ; plus tard, celles-ci ayant été enlevées, les différents étages voûtés de cette haute construction (3) furent convertis en prisons (4).

Après un premier examen sommaire de l'Officialité, Perinaïk et sa compagne avaient été réintégrées dans leur cachot : une longue détention, l'isolement, la mauvaise nourriture, les privations de tous genres (5) pouvaient déterminer les prisonnières à donner les renseignements que l'autorité désirait. La torture n'aurait même pas

(1) « Auprès de l'église est le palais levesque dun costé; la tient en les plais devant l'Official de levesque et devant ses auditeurs. » Guillebert de Metz, *Paris et ses historiens*, Le Roux de Lincy, p. 154.

(2) *Guide à Notre-Dame*, Victor de Lestang.

(3) La tour des prisons ecclésiastiques a été démolie en 1793.

(4) *Description historique de la basilique métropolitaine de Paris*, par Gilbert.

(5) « Le geollier est tenu de quérir aux prisonniers criminels et aultres qui n'ont de quoi vivre, pain et eaue » p. 184. Grant Coustumier. — La paille était donnée, mais un lit se payait. Le régime des prisons de l'Official devait être semblable à celui déplorable du Châtelet.

besoin d'être appliquée, et l'Inquisition préparerait le procès pour le moment favorable.

Elles étaient enfermées depuis plusieurs semaines, lorsqu'une très grave nouvelle circula dans Paris, le 25 Mai. « Le vingt-troisième jour de may 1430, fut prinse devant Compiègne dame Jehanne la Pucelle aux Arminaz par messire Jean de Luxembourg et ses gens et bien mille Anglais qui venaient à Paris et furent bien quatre cens des hommes à la Pucelle que tuez que noyez (1). »

Les Anglo-Bourguignons manifestèrent hautement leur satisfaction ; le 26, Jean Graverend, prieur des Dominicains de la rue Saint-Jacques et Grand Inquisiteur, s'unit aux Facultés de Décrets et de Théologie pour demander au duc de Bourgogne « certaine femme nommée Jehanne, que les adversaires de ce royaume nomment la Pucelle, soupçonnée véhémentement de plusieurs crimes sentant l'hérésie, pour a droit par devant le promoteur de la sainte Inquisition, les bons docteurs et maistres de l'Université de Paris (2). »

(1) *Journal de Paris*.

(2) La lettre, restée sans réponse, est réitérée le 21 Novembre 1430 « pour qu'ils examinent sa cause pour la saine édification du peuple chrétien et l'honneur de Dieu. » MÉNORVAL.

Ils espéraient que leur requête serait acceptée, favorisée précisément par le précédent de la possession de Perinaïk et de sa compagne. Les procès pourraient s'instruire ensemble, se compléter l'un par l'autre ; le retentissement de cette triple cause féminine servirait l'animosité de leur parti, intimiderait l'armée de Charles VII, rehausserait la puissance du Saint-Office ; les docteurs prévoyaient dans leur pensée une unité de condamnation capitale.

La lettre n'obtient pas de réponse, c'est pourquoi Pierre Cauchon (1) s'autorise aussi de l'Inquisition et de l'Université pour aller, le 14 juillet, au camp du duc de Bourgogne réclamer la Pucelle comme étant de sa juridiction ; il fit aussi des offres pécuniaires au nom de Henry VI pour le rachat de la prisonnière.

Toutes ces tentatives furent vaines ; Jeanne, vendue par Jean de Luxembourg aux Anglais, pendant le mois d'Août, était détenue au château de Beaurevoir, près Cambrai.

(1) Recteur de l'Université en 1403 ; sous Charles VI, il s'allie aux Bourguignons, se fait nommer à l'évêché de Beauvais, l'une des six pairies ecclésiastiques, Henry V le nomme aumônier de France ; mais chassé de son siège épiscopal par les partisans de Charles VII, il se retira à Rouen où il s'occupa du procès de Jeanne d'Arc.

Lorsque les justiciers solliciteurs virent que leurs alliés instruiraient le procès de la guerrière hors de Paris, ils se décidèrent à terminer celui de leurs prisonnières du « For-l'Evesque » :

Perinaïk avait déjà subi des interrogatoires ; sa compagne ne parlant que le bas-breton, ne pouvant communiquer directement avec l'Officialité, toute la responsabilité des réponses incombait par ce fait à l'aînée des Bretonnes.

La pauvre fille avait été mise à l'épreuve tantôt par l'Officialité, dans la salle du Conseil, tantôt dans sa prison, par des visiteurs mystérieux délégués par l'Inquisition. Puis on la laissait de longs jours dans l'oubli et l'anxiété.

Il est probable que ses geôliers lui apprirent la captivité de Jeanne pour se complaire dans son chagrin : ils pensaient aussi qu'elle oserait révéler des faits qu'elle connaissait et n'avait voulu dire.

Les jours, les semaines, les mois, l'été se passèrent ainsi ; l'incertitude de l'avenir torturait la pensée des jeunes filles, tandis que la privation de soleil, d'air, de nourriture anémiait leur corps. Pas une voix consolatrice ne se fit entendre à ces affligées, pas un rayon d'espoir de liberté ne s'infiltra dans l'obscur cachot.

Les heures s'écoulaient lentement, avec une langueur mortelle ; seules, la rêverie et la prière les occupaient. Perinaïk évoquait son passé, songeuse, elle revoyait son enfance, sa jeunesse, sa vieille Armorique :

> O Breiz-izel ! o Kaera bro !
> Koad enn hé c'hreiz mor enn hé zro ! (1)
>
> BRIZEUX

Cette « terre de granit recouverte de chênes(2) » captivait sa pensée, les harmonies de la nature et du pays natal parlaient en elle, son imagination la transportait dans les lieux bénis où ses visions lui apparurent, où la Voix céleste lui commanda de partir pour servir la France et Jeanne d'Arc.

Ce nom révéré la faisait tressailir, elle pensait à cette sœur de son âme, à cette voyante aimée, captive, enchaînée loin d'elle, son cœur était bouleversé. La fidélité dans l'absence atteste l'affection et assure la survivance de ce sentiment, même après la mort ; Perinaïk, constante et courageuse, gardait sa foi, sa tendresse, dans les angoisses de la prison, sous la meurtrissure de ses chaînes.

---

(1) Oh ! ma Bretagne, oh ! cher pays,
Bois au milieu, mer tout autour.

(2) BRIZEUX.

La souffrance est toujours proportionnée à la perfection de l'être qu'elle atteint, l'âme est d'autant plus brisée qu'elle s'élève plus haut. La nature de Perinaïk, affinée par les vertus morales et les perceptions surnaturelles, ressentait les impressions douloureuses avec une acuité intense.

Qui donc va la soutenir dans la lutte effrayante qui s'apprête pour elle ?

L'Etre divin dont la parole lui avait indiqué son devoir : « Celui qui ne sait souffrir quelques tribulations pour Dieu n'est pas digne d'être élevé jusqu'à la contemplation des mystères célestes.

« Jésus est le bien suprême. il se plaît parmi les humbles, les chastes, les fervents ; bienheureux est celui qui a su le trouver.

« Vous ne pouvez être heureux sans un ami, Jésus en est l'idéal. Aimez les autres pour Jésus et Jésus pour lui seul, car il doit être élevé au-dessus de tout amour. C'est l'Ami jaloux qui n'en veut pas d'autre en face de Lui ; bannissez les créatures de votre cœur, Jésus y résidera (1). »

---

(1) Citation de l'*Imitation de Jésus-Christ*, chap, VII. VIII et IX, livre attribué à Jean Charlier de Gerson, chancelier de l'Université de Paris. Ce savant docteur, opposé aux factions politiques et persécuté pour sa loyauté, s'exila et mourut à Lyon dans la pauvreté (1363-1429).

Le vide de toute affection était opéré à l'entour de Perinaïk délaissée ; Jésus a pu venir près d'elle comme il le fit dans les landes et les forêts de Bretagne. Son rayonnement divin illumina le noir cachot, son souffle ardent embrasa son cœur et comme l'Amour produit l'extase (1), l'Infini fut en elle.

La juridiction ecclésiastique a terminé ses investigations, les prisonnières, amenées de Corbeil au « For-l'Evesque » depuis près de six mois, vont comparaître à Paris ; les juges déverseront sur elles leur puissance haineuse. Perinaïk sera le précurseur de Jeanne d'Arc dans le sacrifice et le martyre.

La séance solennelle publique est annoncée par le son des cloches de Notre-Dame, la grande salle gothique (2) de l'évêché a peine à contenir l'as-

---

(1) *Amor extasim faciens*, SAINT DENIS l'Aréopagite.

(2) Sur l'emplacement du palais de Maurice de Sully, Simon Matifas de Bucy, en 1290, fit élever une grande salle de style gothique voûtée en bardeaux. Elle était flanquée, à chacun de ses quatre angles extérieurs, d'une tourelle en encorbellement et les deux murs de face surmontés de créneaux. L'intérieur de cette salle était éclairé, du côté du jardin et du lieu dit le For-l'Evêque, par des baies en ogives.

Description historique de la basilique métropolitaine de Paris GILBERT (1821)

sistance composée d'Anglais, de notables, de curieux, L'évêque Jacques du Chastelier (1) et l'inquisiteur Jean Graverend, président de droit le tribunal, assistés par une délégation de l'Université, assesseurs choisis parmi les docteurs des Facultés de Théologie et de Décrets. Les officiers subalternes : prévôt, bailli, notaires, greffiers, appariteurs, huissiers, sergents, sont à leur poste : « le procureur en court d'église » représente le gouvernement anglais.

Les deux prévenues arrivent escortées par des gardes.

« Il vauldrait mieux prendre deux innocents que de laisser aller ung coupable, mais il vauldrait mieulx laisser deux coupables que de punir ung innocent (2). Cet axiome des vieilles lois françaises n'était pas dans la pensée des juges, qui voulaient prouver leur acharnement contre les Armagnacs et préluder au procès de la Pucelle.

La « très chière et très aimée fille, l'Université de Paris » désirait donner une preuve de son atta-

(1) Nommé le 1er Juin 1428 pour remplacer Nicolas Frallon chassé par les Anglais comme suspect. Jean de Nantes l'avait précédé de 1423 à 1426. L'évêque du Chastellier mourut de la peste le 2 Novembre 1438.

(2) Grant Coustumier de France, *Des Peines*, p. 651.

chement à son protecteur royal ; l'Inquisition pensait servir l'Eglise en procédant contre une « sorcière ».

Il était permis à un accusé de se faire assister par un avocat, mais les conditions étaient tellement inacceptables pour celui-ci, que personne ne voulait remplir cette fonction, ce qui a laissé croire que l'Inquisition ne permettait pas de défenseurs (1). D'ailleurs, sous la domination anglaise, qui donc eût osé défendre un Armagnac ?

Les Bretonnes sont donc sans amis, sans défenseur, sans un regard de bonté pour les encourager. Perinaïk, principale accusée, répond seule dans la langue française.

Forte de l'adage breton :

> Ne laveret ne tra ne peus quet guelet,
> Ne discere velet netra ne peus quet clevet (2)

elle s'exprime avec franchise, simplicité, pensant que la vérité lui rendrait la liberté.

A l'interrogateur qui lui demande pourquoi elle a quitté la Bretagne pour venir en France,

---

(1) *Histoire de l'Inquisition en France*, LAMOTHE-LANGON,

(2) Ne dis rien que tu n'aies vu,
Ne raconte rien que tu n'aies entendu.
Devise des Conteurs Trecorois.

elle répond « qu'elle était venue vers la Pucelle par l'ordre de Dieu (1) ».

Un juge dit alors que celle-ci agissait d'après le souffle de l'Esprit malin, et lui demande ce qu'elle a vu près d'elle ?

« Dame Jehanne qui s'armoit avec les Arminaz estoit bonne et ce qu'elle foisoit estoit bien fait et selon Dieu (2) ».

On demande à Perinaïk si elle accomplissait les préceptes de la religion catholique. Elle répond affirmativement, même « elle recogneut avoir deux fois receu le précieux corps de Notre-Seigneur en ung jour (3) ».

Interrogée pour savoir où cette action a été commise, elle répond « que c'étoit à Jargeau, le jour de Noël dernier. Dame Jehanne avoit receu trois fois et elle deux le corps très saint de Notre-Seigneur et que c'étoit le Frère Richard le Cordelier qui le leur avait donné (4) ».

---

(1) Discours de Maître Nicole relaté par Jean Nider, chap. VIII, liv. v du *Formicarium* écrit vers 1439.

Extrait des témoignages des chroniqueurs et historiens du xve siècle dans le *Procès de Jeanne d'Arc*, par J. Quicherat.

(2) *Journal de Paris*.

(3) Idem.

(4) Le jour de Saint-Martin-le-Bouillant, 4 Juillet 1431, fut faite une procession générale à Saint-Martin-

Les juges désirent savoir si elle prétend entendre des voix comme la Pucelle

Elle répond que oui, « elle affirmoit et juroit que Dieu s'apparoit souvent a elle en humanité et parloit à elle comme amy fait a autre et que la darraine fois qu'elle l'avoit veu il estoit long vestu de robe blanche et avoit une huque par dessous (1). »

Le tribunal tout entier est indigné de ces réponses, qu'il qualifie d'impudentes. Les inquisiteurs la disent sorcière et magicienne (2) », les Docteurs en théologie la reconnaissent « possédée du démon (3) ».

Ils intiment à Perinaïk l'ordre de « se revoc-

des-Champs; et fist on une prédication; et la fist ung frère de l'Ordre de Saint-Dominique qui estoit inquisiteur de la foy, maistre en théologie et prononça de rechief tous les faits de Jehanne la Pucelle, et disoit que Frère Richard le Cordelier les avait gouvernées car il étoit leur beau-père et que le jour de Noël en la ville de Jargeau il bailla à cette dame Jehanne la Pucelle trois fois le corps de Notre-Seigneur dont il estoit moult à reprendre; et l'avoit baillé à Peronne (Perinaïk) cellui jour deux fois, par le tesmoing de leur confession et d'aucuns qui presens furent aux heures qu'il leur bailla le précieux sacrement.

Journal de Paris.

(1) *Journal de Paris.*

(2) Jean Nider,

(3) *Journal de Paris,*

quer qu'elle veoit Dieu souvent, ce qui est comme blasphème (1) », faute de quoi le jugement serait prononcé sur ses accointances diaboliques.

Affermie par la sincérité de ses réponses, par sa confiance en Dieu et son affection pour Jeanne, Perinaïk ne rétracte pas un mot. Elle ne frémit ni devant la prison perpétuelle avec le « pain de douleur et leaue dangoisse », ni devant le gibet. Sa sérénité d'âme résiste à la tempête du tribunal, comme le garnit armoricain sait résister à l'ouragan océanique.

L'évêque, les Inquisiteurs, les Docteurs de l'Université délibèrent.

Un grand exemple doit être donné à la France par le procès et la condamnation de la compagne de « l'infâme Pucelle ». Cette Bretonne est une hérétique, qui se joue des sacrements de la sainte Eglise, c'est une magicienne sous l'influence de Satan ; ses apparitions sont des œuvres de l'Esprit infernal.

Sa compagne est également « possédée du démon (2) ».

Le jugement est rendu avec une solennelle indi-

(1) *Journal de Paris*.

(2) *Journal de Paris*, Jean Nider.

gnation, il est lu devant les accusées et le public. Les deux femmes sont condamnées comme « hérétiques, sorcières, magiciennes, a estre arses (1) ».

Perinaïk entend son arrêt avec la fierté résignée des grands caractères ; sa foi lui fait accepter le supplice comme la délivrance de la vie, elle aussi peut dire : « Mourir, c'est vivre (2) ».

Sa compagne est abîmée d'effroi devant la sentence de l'Eglise et la peur du bûcher.

L'évêque de Paris « hault justicier » avait fait placer son « échelle patibulaire (3) » sur le parvis de Notre-Dame ; c'était un des droits du premier pasteur du troupeau parisien. On y mettait les condamnés de la justice temporelle ou religieuse ; l'exposition avait lieu presque toujours un dimanche, un jour de fête ou de marché, afin que le peuple fût impressionné par le spectacle.

Or, le dimanche 3 Septembre 1430, par une dérogation à la coutume, l'échelle patibulaire est dressée « au puis Notre-Dame (4) » situé sur la

---

(1) *Journal de Paris*, Jean Nider.

(2) Devise des Kererault de Kergomar (Bretagne).

(3) Dubu, *Description de Notre-Dame*.

(4) Le *Journal d'un Bourgeois de Paris*, dans ses trois exemplaires manuscrits de Rome, de Paris et d'Angleterre.

petite place qui existait entre l'abside de la cathédrale et les cloîtres (1).

Une grande estrade est construite pour recevoir les spectateurs, dignitaires du gouvernement anglais, du Parlement, de l'évêché, de l'Université, de l'Inquisition et autres.

« Ung eschaffault » s'élève pour recevoir le prêtre chargé de « prescher » l'exhortation finale : le bûcher enfin est préparé, avec son poteau, sa paille soufrée et ses fagots.

Les crieurs de l'Inquisition sonnent du cor, annoncent la sentence et crient : « Qui aytal faira, aytal périra (2) ». Les bourdons de la cathédrale font entendre leur tintement grave et puissant pendant que le supplice s'apprête.

---

indique comme lieu de l'exécution « le puis Nostre-Dame ». M. Vallet de Viriville, dans *Procès et condamnation de Jeanne d'Arc*, croit à une erreur du chroniqueur, il substitue le mot *parvis* au mot *puis* ; M. Tuetey, dans l'édition du *Journal d'un Bourgeois de Paris*, se conforme à ce dernier avis; M. Quellien le fait également dans *Perrinaïc*. M. Lefèvre-Pontalis transporte la scène du martyre sur la « place de Grève ».

Nous croyons devoir accepter sans altération la version primitive du xve siècle.

(1) Voir le plan inséré dans ce volume

(2) Qui ainsi fera, ainsi périra.

Histoire de l'Inquisition, Longnon.

Le peuple survient, remplit l'espace que les « sergeants d'armes » laissent libre, et envahit aussi les maisons d'alentour pour mieux dominer le spectacle.

Le cortège des condamnées s'avance, il arrive sur la place ; les deux femmes marchent péniblement ; six mois de cachot, de fers, de privations physiques et de tortures morales les avaient brisées. Perinaïk, prise brutalement par les sergents, est attachée à l'échelle patibulaire, sa compagne est auprès d'elle.

Le « Prescheur » prend place sur son estrade ; son discours tend à démontrer aux condamnées leur possession par l'Esprit infernal, leur sorcellerie, leur hérésie, puis il s'adresse aux assistants, raconte les forfaits des deux « sorcières aux Armagnacs », dignes amies de Jeanne d'Arc, leur prisonnière actuellement. Le roi Henry VI, la sainte Inquisition et l'évêque de Paris puniront ainsi ceux qui ne reconnaissent ni l'autorité de la sainte Eglise ni le nouveau gouvernement.

L'Official et l'Inquisition font lire la sentence, engagent les prisonnières à rétracter leurs erreurs et leur présentent une formule d'abjuration à signer.

Perinaïk refuse et atteste la vérité de toutes ses

déclarations : « sa persistance est obstinée (1) » : sa compagne, effrayée par le supplice, épouvantée en pensant qu'elle était séduite par « l'ange de Satan », rétracta ce qu'elle avait dit, signa l'abjuration, et « fut délivrée pour celle heure (2) ».

Toute créature abandonne donc Perinaïk à l'heure suprême de l'immolation ?. Elle n'a plus autour d'elle que des soldats ennemis, des Français renégats, des juges salariés. Vainement elle cherche un regard sympathique, la haine est partout, les huées de la foule l'accompagnent ; le bourreau la saisit et l'attache au poteau. Juges religieux et civils la condamnent et ordonnent au « maistre des haultes œuvres » d'approcher sa torche et d'embraser le bûcher. Le Léopard d'*ar Saozon* avait broyé l'Hermine de Bretagne.

Victime sainte, Perinaïk ne se révolte pas contre un arrêt inique, elle sait souffrir, aimer jusqu'à la fin et pousser son sacrifice à l'apogée, au martyre. Vaincue dans la vie terrestre, elle suit le chemin de douleur que le Crucifié a tracé pour les siens, ellle est dans la phalange des résignés, de ceux qui lèvent les yeux vers la Croix rédemptrice.

---

(1) Jean Nider.

(2) *Journal de Paris*,

Le feu pétille, la fumée tourbillonne, la flamme s'élance; Perinaïk, avec un courage inaltérable, ne manifeste aucun effroi, toutes les puissances de son âme sont enchaînées par l'intensité des perceptions surnaturelles de l'au-delà, elle oublie la douleur.

Virginale voyante, elle contemple déjà « l'Amy » divin qui l'attend au sommet éternel.

Croyante, patriote, fidèle, elle meurt de ses trois amours, murmurant : « Pour Jhésus, pour la France, pour Jehanne ! ».

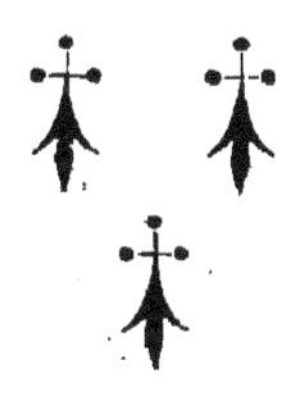

CHAPITRE V

PROCÈS ET MORT DE JEANNE D'ARC (1431. — CHARLES VII A PARIS (1437). — RÉHABILITATION DE LA PUCELLE (1456).

Le bâtard de Wandonne qui captura Jeanne d'Arc, faisait partie de la campagnie de Jean de Luxembourg ; il remit la prisonnière à son chef, qui garda la Pucelle quelques jours dans le camp. La proximité de la ville assiégée inquiétait les gardiens, ils craignaient que les Armagnacs ne tentassent l'enlèvement de la captive, aussi s'empressèrent-ils de la dirigersur le château de Beaulieu.

L'armée anglaise était pleine d'ardeur pour l'attaque de Compiègne, en ne sentant plus en face d'elle cette guerrière qui l'épouvantait. « Cheux de la partie de Bourgogne et les Anglais furent moult joyeux (de sa prise) plus que d'avoir prins cinq cent combattants, car ils ne cremoient, ne redoubtoient nul capitaine, ne aultre chief de guerre, tant comme ils avoient toujours fait jusques à che présent pour ycelle Pucelle (1). » Les conséquences de cette satisfaction haineuse sont terribles pour la contrée.

Les Anglais ne respectent plus rien, ils pillent l'abbaye de Saint-Maur, l'église de Notre-Dame de Cléry, profanent et volent les objets sacrés et précieux « et n'y a aucun qui soit maintenant en armes, de quelque costé qu'il soit, François ou Anglois, ou Bourguignon, ou Piquart, qu'il n'eschappe rien qu'ils puissent, s'il n'est trop chaut ou trop pesant, dont est grant pitié et dommaige que les seigneurs ne sont d'accords. Mais, se Dieu n'en a pitié touste France est en grand danger d'estre perdue : car de toutes parts on y oste les biens, on y tue les hommes, on y boute feuz : et n'est estrange ne privé qui point en die, *Dimitte* ; mais toujours va de mal en pis, comme il appert (2) ».

Après trois mois de détention à Beaulieu, Jeanne est transférée près de Cambrai, dans le

(1) Monstrelet, t. II, p. 86.

(2) *Chroniques nationales françaises*, éd. Bruchon, p. 409-410, t. XL,

château de Beaurevoir, appartenant à la famille de Luxembourg. Là encore elle elle essaye de fuir, glisse avec des lannières le long d'une tour de soixante pieds de hauteur, tombe blessée et s'évanouit. Cette hardie prisonnière était difficile à garder, aussi Luxembourg, furieux de l'échec de ses troupes devant Compiègne, livra-t-il Jeanne à ses ennemis.

On l'emmène sous bonne escorte à Arras, vers le 21 novembre, puis au Crotoy, où les Anglais la reçoivent « lesquels en firent plus grant feste que s'ils eussent gaigné tout l'or de la Lombardie (1) ».

La prisonnière est dirigée sur Rouen, où elle arrive fin Décembre et se voit interner dans le château de la ville ; elle est non seulement en prison, mais enfermée dans une cage de fer, et reste ainsi jusqu'au commencement de son procès. A ce moment, elle est enchaînée dans un cachot et se trouve exposée aux insultes des soldats qui la gardaient jour et nuit.

Après le révoltant achat de Jeanne, les lords anglais désirèrent la faire noyer ou égorger. Warwick les détourna de ce projet, trouvant préférable

---

(1) *Chroniques de Bourgogne.*

de la juger comme sorcière, pour la perdre moralement, afin que son déshonneur entachât le Roi et la cause française.

L'ardent solliciteur, Cauchon, évêque de Beauvais, obtint la présidence du procès qui allait se dérouler : il s'adjoignit le dominicain Jean Lemaître, vice-inquisiteur à Paris, délégué à Rouen.

L'Université fournit des assesseurs : Jean Beaupère, chancelier, Jacques Touraine, Pierre Maurice, Nicolas Midi, Gérard Feuillet, Thomas de Courcelles : les juges de Perinaïk deviennent ceux de sa compagne.

Une réunion préalable tenue le 9 janvier 1431 décide l'instruction de l'affaire : le 21 Février, la séance solennelle d'ouverture a lieu dans la chapelle du château : la Pucelle comparaît, prête le serment de dire la vérité sur les faits qui concernent la foi. Les interrogatoires se succèdent de jour en jour. « Je viens de la part de Dieu, dit la Pucelle, je n'ai rien à faire ici ; renvoyez-moi à Dieu de qui je viens. » Les juges n'admettent pas ce raisonnement.

Ils lui posent des questions sur ses visions, sur les fées, sur la prophétie de Merlin ; son habit masculin constitue aux yeux du jury un grief important. « Je ne l'ai pris et n'ai rien fait que par l'ordre de Dieu, des saints et des anges, le roi des cieux m'a donné des voix et un conseil qui me disent ce qu'il faut faire. » L'épée et la bannière de la guerrière suscitent aussi des interrogations. La fermeté, la loyauté, la présence d'esprit de la Pucelle entravent le procès.

Cauchon délègue Jean de la Fontaine pour voir Jeanne dans sa prison ; ces séances particulières durent du 10 au 17 Mars : ce sont les mêmes demandes posées différemment, toujours avec l'espoir d'obtenir des détails qui puissent perdre la captive.

Comment Jeanne ne serait-elle pas partie de chez ses parents, puisque « l'ange lui racontait la pitié qui était au royaume de France »? Maintenant qu'elle est captive, elle se confie à ses voix, qui lui disent ; « Prends tout en gré, sans te chailler (soucier) de ton martyre, tu t'en viendras au royaume du Paradis. » Elle ajoute : « Je ne sais si je souffrirai plus, mais je m'en attends à Notre-Seigneur. » Elle croit fermement être sauvée, pourvu qu'elle garde son serment de rester vierge de corps et d'âme.

Après différentes réunions délibératives, l'acte d'accusation est lu à Jeanne d'Arc, le 27 Mars. Le préambule démontre la mauvaise foi du tribunal :

l'inculpée est déclarée « sorcière, devineresse, fausse prophétesse, invocatrice et conjuratrice de mauvais esprits, superstitieuse, pratiquant les arts magiques ; pensant mal de la foi catholique : schismatique, doutant et s'écartant du dogme *Unam sanctam* et de plusieurs autres articles de la foi : sacrilège, idolâtre, apostate, mal disant et mal faisant ; blasphématrice envers Dieu et les saints, scandaleuse et séditieuse, troublant et empêchant la paix, excitant à la guerre, cruellement altérée de sang humain et poussant à l'effusion du sang : ayant abjuré sans pudeur la décence de son sexe, et prenant sans vergogne l'habit indécent et l'extérieur des hommes d'armes : pour ces choses et plusieurs autres, abominable à Dieu et aux hommes ; violatrice des lois divine, naturelle, ecclésiastique : séductrice des princes et des peuples : permettant et consentant, au mépris de Dieu, qu'on la vénère et qu'on l'adore, donnant ses mains et ses vêtements à baiser, usurpatrice de l'honneur et du culte dus à Dieu : hérétique, ou du moins véhémentement suspecte d'hérésie (1) ».

La lecture de cet acte dure deux journées, pendant lesquelles Jeanne écoute et réfute les men-

(1) *Procès*, t. I, p. 202-204.

songes et les calomnies qui la concernent ; toute défense est inutile devant un tribunal dont l'avis est préconçu.

La simplicité et la sainteté de l'âme de la prisonnière sont évidentes dans ses réponses. Elle est humble : « Sans la grâce de Dieu, je ne ferais rien » : elle soutient la droiture de ses actes : « Dieu me commandait de partir ; quand j'aurais eu cent pères et cent mères, je n'eusse pas résisté à l'ordre divin » ; ses visions sont réelles : « Je crois fermement, aussi bien que je crois à la foi chrétienne et que Dieu nous a sauvés de l'enfer, que mes voix viennent de Dieu ; j'ai vu par mes yeux saint Michel accompagné des anges du Ciel, sainte Catherine et sainte Marguerite aussi ; quand ils s'éloignaient de moi, je pleurais, j'aurais voulu être enlevée avec eux ; j'ai rarement des révélations qui ne soient accompagnées de lumière. » Sa soumission à l'Eglise catholique lui fait dire : « Vous me parlez de l'Eglise militante et de l'Eglise triomphante, je n'entends rien à cela, mais je me soumets à l'Eglise comme le doit une bonne chrétienne. »

Les juges se réunissent pour conférer du procès et remanient l'accusation : les soixante-dix articles se réduisent à douze, puis à six : c'est le résumé de tous les griefs que la déloyauté anglaise relève contre Jeanne.

Celle-ci se défend vainement, les juges mettent toute leur habileté à lui tendre des pièges ; il leur faut des aveux complets, et pour cela tous les moyens leur sont bons. Cauchon fait emmener la prisonnière dans la grosse tour du château, il la menace des instruments de torture exposés devant elle, pour « la faire revenir dans les voies de la vérité, afin d'assurer le salut de son âme et de son corps, tous deux compromis gravement. »

Jeanne ne connaît pas encore la peur : le sentiment profond de la foi en sa mission la soutient. « En vérité, dit-elle, si vous me deviez faire arracher les membres et faire partir l'âme hors du corps, je ne vous dirais autre chose, après je redirais toujours que vous me l'auriez fait dire de force. »

Le 2 Mai, Jeanne refuse, dans la séance, de se rapporter « touchant ses faicts » aux représentants de l'Eglise : ils la déclarent alors hérétique.

L'Université avait fourni des assesseurs au jury qui fonctionnait en Normandie ; ce n'était pas assez : cette société puissante est consultée à Paris, dans la personne de ses recteurs, doyens et docteurs des Facultés de Théologie et de Décrets. Leur avis sur les six articles est approuvé par une assemblée générale des Facultés et des Nations, puis porté, le 19 Mai, à l'évêque Cauchon. La conclusion est celle-ci : « Si la prévenue, avertie de ses erreurs, ne revient pas à la foi catholique, elle doit être abandonnée aux juges séculiers pour la juste punition de ses crimes. (1) »

Jeanne est citée le 23 Mai devant ses juges; Pierre Maurice lui expose les fautes dont elle est accusée, le sentiment de l'Université, et l'exhorte au repentir. Cette admonition n'ébranle pas la captive ; elle répond : « Quand a mes faits dits au procès, je les veux soutenir, si j'étais en jugement et voyais le bourreau prêt a bouter le feu aux bourrées, et le feu allumé, si j'étais dedans, je ne dirais autre chose et soutiendrais jusqu'à la mort ce que j'ai dit dans le procès. »

Il fallait encore un effort pour perdre Jeanne ; on le tenta. Le 24 Mai, l'évêque fixe une réunion publique au cimetière de Saint-Ouen ; Jeanne y est amenée escortée de Nicolas Loyseleur, qui lui assure que si elle est soumise, le tribunal la remettra à l'Eglise. Elle monte sur un échafaud

(1) *Procès*, t. 1, p. 47.

faisant face à celui sur lequel étaient Cauchon, l'Inquisiteur, le cardinal de Winchester et une nombreuse assistance.

Guillaume Erard la « presche » sur le texte évangélique : « La branche ne porte pas de fruits, si elle ne reste pas attachée à la vigne. » Il développe sa pensée et accable d'injures la pauvre condamnée. Il s'écrie aussi : « Ha ! noble maison de France, qui as toujours esté protectrice de la Foy, as-tu esté ainsi abusée de te adhérer a une herectique et scismatique ! Et toi, Jeanne, a qui je parle et te dy que ton Roy est herectique et scismatique aussi.

La Pucelle supporte pour elle-même les tourments, les outrages ; elle paraît avoir abdiqué tout sentiment personnel dans cette douloureuse scène de Saint-Ouen ; mais laisser attaquer son prince outrepasse sa résignation ; l'apostrophe la flagelle, elle s'écrie : « Prédicateur, vous avez mal dit, parlez de moi et non de mon Roy, il est bon crestien. Par ma foy, sire, révérence gardée, je vous ose bien dire et jurer sous peine de ma vie que c'est le plus noble crestien de tous, et qui mieulx aime la foy et l'Eglise et n'est point tel que vous dites (1). »

(1) *Procès*, t. III, dép. de J. Massieu.

Le fougueux orateur termine son discours, auquel Jeanne répond : « Je m'en remets à Dieu et m'en rapporte pour mes faits et dits à notre saint Père le Pape à Rome. »

Entourée par l'évêque, les inquisiteurs, les docteurs ; pressée, sollicitée de renoncer à ses prétendues erreurs ; harassée d'une lutte qui dépassait la limite des forces d'une jeune fille de vingt ans, elle dit : « Je me remets à l'Eglise. » Aussitôt on lui fait signer une brève formule d'abjuration, qu'elle comprend à peine, et qui n'est pas celle insérée au procès ; l'évêque, au nom du tribunal, la condamne à la prison perpétuelle, pour avoir offensé Dieu et la sainte Eglise.

Contrairement à son attente, Jeanne est ressaisie par les Anglais qui, déconcertés et furieux de la voir échapper au bourreau qui l'attendait, la réintégrèrent dans leur prison, cherchant un prétexte pour motiver l'exécution définitive de leur vengeance.

Le dimanche de la Trinité, Jeanne ne trouve auprès d'elle que des vêtements masculins ; elle les revêt ; ses juges, aussitôt appelés, viennent constater son crime. Elle affirme à nouveau sa mission divine, ses visions, et regrette d'avoir signé l'acte d'abjuration.

L'évêque réunit alors une assemblée de docteurs et de prêtres pour leur exposer le fait. La Pucelle est déclarée relapse, à l'unanimité des voix et condamnée à être livrée au bras séculier.

La vierge de Domrémy allait entrer dans sa dernière période douloureuse ; abandonnée de tous les siens, brisée dans sa jeunesse, elle pouvait s'appliquer la parole des Ecritures : « Offrez à Dieu le sacrifice d'une âme pure et innocente, et mettez votre espérance dans le Seigneur (1) ».

Le mercredi 30 Mai, au matin, Frère Martin Ladvenu vient dans la prison exhorter Jeanne à mourir ; l'annonce du supplice la révolte : la guerrière a disparu, la femme seule subsiste, et l'humanité domine pour un moment la puissance surnaturelle que Dieu lui avait accordée pour l'accomplissement de sa mission.

« Elle commence à s'écrier douloureusement et piteusement, se distraire et arracher les cheveux. Hélas me traite-t-on ainsi horriblement et cruellement qu'il faille que mon corps, net et entier qui ne fut jamais corrompu, soit aujourd'hui consumé et rendu en cendres ! J'aimerais mieux être décapitée sept fois que brulée ainsi !... J'en

(1) David, ps. IV.

appelle à Dieu, le grand juge des torts et des ingravances qu'on me fait. » Et comme Cauchon survient, elle lui crie : « Evêque, je meurs par vous ! ».

Elle se confesse, reçoit le corps de Notre-Seigneur avec ferveur et grande abondance de larmes ; puis, vêtue d'un habit de femme, coiffée d'un bonnet élevé où sont inscrits les mots : *Hérectique, retapse, apostate, idolastre,* la Pucelle est placée sur une charette qui l'emporte à la place du Vieux-Marché. Sept ou huit cents hommes l'escortent jusqu'à l'échafaud.

Le bûcher est prêt, le bourreau attend des ordres ; la victime, épouvantée à la vue de l'horrible supplice, sent les angoisses de la mort se prolonger, tandis que Nicolas Midi parle aux assistants ; il s'adresse ensuite à la prisonnière, et termine son discours en la livant à la justice séculière.

Cauchon excommunie alors celle qui venait de recevoir avec une foi profonde les sacrements de l'Eglise catholique.

Jeanne est à genoux, elle pleure, elle invoque le Ciel et ses hôtes divins qui furent ses inspirateurs, elle se lamente, entourée de ses bourreaux, et leur demande au moins des prières pour son âme. Ce débat final est terrible : c'est la lutte de l'innocence contre l'injustice, de la jeunesse contre la mort qui veut l'étreindre, agonie du cœur cent fois plus horrible que celle des sens.

En jetant un dernier regard sur la terre, la Pucelle pense à ses parents, à ses amis, à sa compagne Perinaïk, morte pour elle, puis soudain le souvenir de son souverain se présente à elle ; aussitôt l'énergie lui revient, pour dégager « son Roy » et garder pour elle, « l'infâme » la responsabilité de ses actes. « Pour tout ce qu'elle a fait, en bien, en mal, le Roy ne l'a jamais conseillée », dit-elle.

Les Anglais sont anxieux de voir la dernière torture infligée à leur victime, ils interpellent violemment les « gens d'Eglise », et, sans attendre même la lecture de la sentence, ils saisissent la prisonnière et la livrent au bourreau.

Le bûcher était construit sur un échafaud maçonné, et portait cette inscription :

« Jehanne qui s'est fait nommer la Pucelle, menteresse, pernicieuse, abuseresse du peuple, supersticieuse, blasphemeresse de Dieu, présomptueuse, malcreant de la foy de Jésus-Christ, vanteresse, idolastre, cruelle, dissolue, invocateresse de diables, apostate, schismatique, hérétique. »

La Pucelle gravit son effroyable calvaire : ses chaînes l'enlacent au poteau, le bourreau passe sa torche enflammée sous les fascines, la flamme s'élance, Jeanne pousse un cri déchirant, puis elle prie, elle appelle ses saintes, son Jésus, elle écoute si ses voix lui parlent encore, elle se rappelle cet avertissement qui lui fut donné jadis : « Prends tout en gré, ne te chaille de ton martyre, tu t'en viendras au royaume du Paradis. » La sainte voyante s'écrie : « Mes voix ne m'ont pas trompée, mes voix étaient bien de Dieu ».

Elle ne détache plus les yeux de la Croix, qu'elle a demandé à contempler ; son âme commence l'ascension du Ciel. La fumée monte, tourbillonne, la flamme enveloppe la suppliciée ; une fois encore le nom de « Jhésus » s'échappe du brasier ; puis un silence imposant se répand sur la foule terrifiée : le sacrifice était consommé !

Puisque la Pucelle avait accompli sa mission divine, puisqu'elle avait été fidèle à sa foi, à ses pratiques religieuses et à son vœu de virginité, comment se fait-il que Dieu ait permis que ses ennemis la supplicient ?

L'Eternel, suprême justicier des peuples et des rois, voulait un sacrifice pour suspendre son courroux et permettre le relèvement de la nation française ; il lui fallait des victimes généreuses, pures, saintes. Jeanne d'Arc et Perinaïk ont été choisies pour le salut de la France ; toutes les deux moururent persécutées pour la justice, et la gloire de leur martyre flamboie comme un nimbe au-dessus de leur bûcher.

On a reproché à Charles VII de n'avoir pas essayé de délivrer la Pucelle de sa captivité, certains témoignages semblent prouver que des tentatives ont été faites dans ce but et qu'elles étaient connues des contemporains.

Pierre Sala a écrit de Jeanne : « Depuis, ainsi comme il plaist a Dieu de ordonner des choses, ceste sainte Pucelle fut prinse et martirisée des Anglais, dont le Roy fut moult dolent, mais remédier n'y peut (1). »

Le pape Pie II a inscrit dans ses mémoires : *Carolus virginis obitum acerbissime tulit* (2).

Valerian Valerianus, dans un poème latin basé sur les actes des deux procès de Jeanne, fait dire

(1) *Hardiesse des grands Roys et Empereurs.*

(2) *Procès*, t. IV, Quicherat.

à Charles : « Tout ce qui a pu être fait par les armes et le fer, nous l'avons tenté (1). »

Dans une lettre de l'Université à Jean de Luxembourg, nous lisons : « Comme on dit aucuns des adversaires soy vouloir efforcier de faire (délivrer la Pucelle) et appliquer a ce tous leurs entendements par toutes voyes exquises, et qui pis est, par argent ou raençon (2). »

L'Université écrit aussi au duc de Bourgogne : « Doubtons moult que par la malice et subtilité des mauvaises personnes, vos ennemis et adversaires qui mettent toute leur cure, comme lendit à vouloir délivrer icelle femme par voyes exquises, elle soit mise hors de votre subjection par quelque manière (3). »

Ces extraits semblent établir que la pensée de Jeanne préoccupait ses amis et son Roi ; on peut ajouter parmi les faits probants celui-ci :

La ville de Louviers, située à sept lieues de Rouen, était occupée, depuis 1429, par La Hire ; au mois de Mars 1431, Dunois est chargé par

(1) *De gestis Johannæ virginis Franciæ egragriæ bellarticis* (1516).

Procès, QUICHERAT.

(2) Lettre du 14 Juillet.

Procès, t. I, QUICHERAT.

(1) *Procès*, QUICHERAT.

Charles VII de se rendre dans cette ville, avec ses troupes, pour combattre les Anglais, qui étaient dans les environs ; il y opéra *deux entreprises secrètes*. N'était-ce pas un coup de main qu'il tentait et renouvelait pour la délivrance de Jeanne d'Arc ?

Les Anglais, après avoir assouvi leur vengeance par la mort de la Pucelle, espéraient que l'armée de Charles VII, privée de l'entraînement de son chef, offrirait moins de résistance ; il n'en fut rien : malgré son martyre, défaite apparente, Jeanne fut jusqu'au bout leur triomphatrice.

Ils voulurent aussi fortifier leurs alliances : le régent comprit que le duc de Bretagne était disposé à se rapprocher du roi de France ; il lui offrit donc le Poitou, en même temps qu'il donnait la Brie et la Champagne au duc de Bourgogne : dons illusoires, puisque les territoires ainsi concédés appartenaient au parti national.

Le régent trouva opportun de consolider la royauté de son neveu Henry VI en le faisant sacrer ; le jeune prince vint donc à Paris, fit une entrée solennelle, passa sous les croisées de sa grand'mère, l'infâme Isabeau, et reçut les acclamations des soi-disant Français. Le 17 Décembre 1431, il fut sacré à Notre-Dame par le cardinal de Winchester, assisté de Jacques de Chastellier, évêque de Paris, de Cauchon, évêque de Beauvais, et de Jean de Mérilly, évêque de Noyon, ces deux derniers pairs de France. Tous les hauts personnages de la capitale assistaient à la cérémonie.

Le 26 de ce même mois, Henry VI confirmait les privilèges de l'Université de Paris (1) ; ce fut probablement le seul acte de générosité que le régent fit accomplir, puisque les Parisiens disaient à voix basse que « lorsqu'un orfèvre ou un bourgeois mariait sa fille, il faisait mieux les choses que les Anglais ». Le mécontentement gagnait du terrain.

Les partisans de Charles VII menacèrent Rouen et prirent Chartres en 1432 ; Paris se vit inquiéter par Jean Foucault ; Saint-Valery, Gerberoy, Saint-Denis furent investis : l'étranger se sentait traqué de tous côtés, son omnipotence

(1) *Ordonnance des Rois de France*, t. XIII, p. 16-17. Id. *Exemptions*, t. XIII, p. 171-172.

Actes publiés par Longnon.

s'ébranlait sans qu'aucun espoir de la raffermir lui apparût.

Quelque temps après, Richemont, outré des agissements de La Trémoille, le fit enlever de Coudray et délivra Charles VII de cette néfaste influence ; Charles d'Anjou remplaça avantageusement le conseiller disgrâcié. Ce coup de main du connétable amena l'alliance de la Bretagne et de la France, en même temps que des tentatives politiques préparaient la réconciliation de Philippe le Bon avec Charles VII.

Ce fut dans ce but que de nombreux députés des puissances chrétiennes, des villes de France et de l'Université se réunirent à Arras, le 5 Août 1435 ; Richemont et dix-huit « gentils hommes » représentaient la France ; le cardinal de Winchester et de nombreux lords étaient délégués de l'Angleterre ; le duc de Bourgogne y assistait personnellement.

Après les premières délibérations, les Anglais, mécontents de la part restreinte de territoire qui leur était accordée, se retirèrent.

Les autres députés supplient alors le duc de Bourgogne de rester et de conclure une paix durable avec Charles VII : deux motifs le faisaient hésiter : son serment de venger l'assassinat de son père, sa signature apposée sur le traité de Troyes. Bedford étant mort le 14 Septembre, le duc de Bourgogne se crut dégagé de sa parole envers les Anglais, et relevé de son serment de vengeance : il accepta la pacification désirée, tout en se réservant le droit de dicter ses conditions à Charles VII. qui les accepta pour le bien de son royaume. Ainsi se termina la querelle des Armagnacs et des Bourguignons. lutte personnelle dans le principe, et dont les conséquences furent si désastreuses pour la France.

Au printemps suivant, Richemont marche sur Paris, et met le siège devant les remparts. Les habitants, désabusés et lassés de la tyrannie étrangère, soulevés par de hardis chefs de conjuration, préparent un mouvement sérieux.

Vainement le prévôt, Simon Morhier, déploie ses rigueurs contre les insurgés ; leur nombre s'accroît de jour en jour ; les poltrons suivent les déterminés, les intrigants se joignent ensuite au parti victorieux.

Le 29 Mai 1436, le peuple avait enfin brisé ses chaînes, et tandis « qu'on besoignait aux Halles », les troupes royales de France heurtaient à la porte Saint-Jacques. L'Isle-Adam franchit la muraille, la bannière blanche à la main ; le pont-levis est abaissé grâce aux efforts des conjurés, Richemont et Dunois s'y précipitent, suivis de leurs hommes d'armes qui crient : « Ville gaignée ! » Au parvis Notre-Dame, les chanoines offrent « le vin et les épices » aux chefs des troupes royales.

« Mais les gens de Paris, bons chrestiens et chrestiennes, se mirent dans les églises et appeloient la glorieuse Vierge Marie et Monsieur Saint Denis qui apporta la foy en France qu'ils voulsissent de prier à Nostre-Seigneur qu'il ostat toute la fureur des princes et de leur compaignie (1) ».

Ils se sentirent rassurés en voyant que « Richemont et Dunois furent si meus de pitié et de joie qu'ils ne purent oncques tenir de larmoier (2) ».

Armée du Roi, bourgeois et manants de la capitale s'unissent alors : ils poursuivent lord Willoughby, Simon Morhier, son lieutenant, quelques autres créatures des étrangers, et quinze cents Anglais, qui se réfugient à la Bastille et capitulent presque aussitôt.

Pour les soustraire à la fureur de la populace, on les fit sortir « par les champs » et embarquer près du Louvre, sur la Seine, pour les descendre

(2) *Journal de Paris*, éd. Poujoulat, p. 278,

(2) Idem.

jusqu'à Rouen. Ils furent accompagnés par les huées des spectateurs ; c'était un départ piteux et bien fait pour rabattre l'orgueil des ex-conquérants. La parole de Jeanne d'Arc était réalisée : à l'époque annoncée par elle, « les Anglais avaient laissé un plus grand gage que devant Orléans (1) ».

Puisque après la bateille de Patay, on vit passer « de grandes chevauchées dans les airs », ne doit-on pas penser qu'au moment de l'expulsion des Anglais, les cieux s'entr'ouvrirent pour que les deux victimes de la patrie, les saintes Voyantes, Jeanne d'Arc et Perinaïk, pussent assister à la déroute des Anglais ?

L'année suivante, Charles VII, emporté par une ardeur inusitée chez lui, met le siège devant Montereau, défendu par sir Thomas Guérard ; il commande l'assaut de la ville, traverse lui-même les eaux de l'Yonne, escalade les remparts avec son armée et entre un des premiers dans la cité conquise.

(1) *Procès.*

Quelques jours après, le 12 Novembre 1437, le Roi de France entrait à Paris avec son fils: les habitants lui firent une réception grandiose: tous oubliaient leurs querelles devant le descendant de quatre siècles de royauté française (1). Le sentiment de l'amour national s'emparait de tous les cœurs: évêque, clergé, Université, Parlement, Prévôté, bourgeois, manants, s'unirent pour la gloire et l'unité de la France.

La ville de Rouen fut conquise en 1449; dès le 15 Février suivant, Charles VII ordonnait qu'on révisât le procès et la condamnation de Jeanne d'Arc. Le Roi avait alors en son pouvoir les agents nécessaires à la réhabilitation que sa conscience lui imposait: c'était l'Université et l'Inquisition, à Paris, les témoins et les actes de la procédure, à Rouen.

Guillaume Bouillé, membre du Conseil royal et universitaire, fut chargé de la révision: il recueillit les dépositions de sept témoins, dont trois avaient été membres du jury et s'étaient montrés justes envers Jeanne en 1431: c'étaient

---

(1) L'usage resta de chanter un *Te Deum* commémoratif de la rentrée de l'armée royale; la cérémonie avait lieu à Notre-Dame, le premier vendredi après Pâques.

les Dominicains Isambart de la Pierre et Martin l'Advenu, puis l'huissier Massieu.

Le Roi demanda ensuite au cardinal d'Estouteville, légat du Pape, d'examiner le procès fait au nom de l'Eglise : celui-ci s'adjoignit Jean Bréhal, Grand Inquisiteur de France ; l'enquête se poursuivit en 1452.

La politique pontificale, occupée d'un rapprochement entre la France et l'Angleterre, ne jugea pas devoir poursuivre une information si délicate : Jeanne était encore une fois sacrifiée à son pays.

Charles VII écarta ces difficultés en s'abstenant de toutes démarches personnelles ; ce fut donc la famille de Jeanne d'Arc qui s'adressa au Saint-Siège pour demander que sa mémoire fût dégagée des calomnies dont elle avait été honteusement chargée.

Calixte III accueillit cette demande le 11 Juin 1455, et désigna l'archevêque de Reims, les évêques de Paris et de Coutances, et l'inquisiteur Jean Bréhal pour la révision du procès.

Le 7 Novembre de la même année, Notre-Dame de Paris donnait entrée à Isabelle Romée, à Pierre d'Arc, suivis d'un nombreux cortège ; ils venaient déposer la requête de réhabilitation entre les mains des délégués du Pape. Dans une séance tenue dix jours après, l'avocat de la famille d'Arc demanda réparation de l'honneur de Jeanne, en attaquant le procès et ses principaux juges, nommément Pierre Cauchon, évêque de Beauvais, Jean Lemaître, vice-inquisiteur, et le promoteur, Jean d'Estivet, accusés de fraudes juridiques. Tous trois étaient morts, et leurs familles s'abstinrent de protester contre l'appel.

Les enquêtes se poursuivirent avec loyauté et minutie, non seulement à Paris et à Rouen, mais à Orléans et dans le pays natal de Jeanne.

Tous les rapports sont remis aux membres de la commission désignés par l'autorité papale ; les témoins sont entendus, la vérité se dégage nettement. Les juges intègres préparent alors la sentence nouvelle et définitive, et ils la publient dans le palais archi-épiscopal de Rouen, devant la famille demanderesse et la foule des assistants.

Les articles sur lesquels le procès de 1431 était basé sont flétris comme faux, la procédure est déclarée pleine d'astuce et de calomnies ; les deux anciennes sentences sont reconnues par ce fait nulles et sans effets.

La commission ordonne que la réhabilitation soit proclamée à Rouen, sur la place Saint-Ouen et au Vieux-Marché, lieux témoins du martyre de Jeanne d'Arc.

Une croix fut élevée aussitôt, en réparation de l'iniquité commise au nom de l'Eglise par des juges vendus à l'Angleterre. Le Pape ratifia cette sentence de réhabilitation, répondant, quinze ans après, à l'appel suprême de la Pucelle : « Que mes faits et mes dits soient envoyés à Rome devers Notre Saint-Père le Pape. »

La postérité a continué l'acte de 1456 : de tous côtés des monuments sont élevés à l'héroïne.

Chaque année, au jour anniversaire de la levée du siège d'Orléans, le panégyrique de la Pucelle est prononcé par les notabilités de l'Eglise de France. La voix d'un prélat étranger a payé aussi son tribut : « Je crois à Jeanne et ne puis voir en elle qu'une envoyée de Dieu. Je viens de parmi ceux qui la brûlèrent inscrire au temple de sa mémoire l'aveu du crime de nos pères et déposer au pied de sa sainte image l'offrande tardive d'une réparation de justice (1). »

L'Eglise a ouvert, en Juillet 1874, le procès de l'Ordinaire, informant pour la béatification de

(1) Mgr Gélis, évêque d'Edimbourg (1853).

Jeanne d'Arc : les formalités ecclésiastiques suivent leur cours.

La France, l'Angleterre, l'Eglise s'unissent pour rendre hommage à la glorieuse martyre de 1431.

La réhabilitation de Jeanne d'Arc doit avoir comme conséquence directe celle de sa compagne Perinaïk. L'humble fille a été brûlée pour avoir soutenu que « Jeanne était bonne et sainte, et que Dieu l'avait envoyée vers elle pour la secourir. »

Maintenant que la Pucelle est entourée d'une auréole de gloire, il convient que la « pauvre Pierronne » sorte de l'obscurité dans laquelle les historiens l'ont laissée. La Bretonne a eu sa mission de consolation, de prière, de sacrifice patriotique comme Jeanne ; sœur de son âme, elle a péri comme elle par la torture du feu, la plus terrible, mais la plus sacrée.

La réhabilitation de Perinaïk s'impose comme la réparation tardive d'une iniquité juridique.

Pour nous, Français, qui entendons tinter l'heure douloureuse où l'honneur s'avilit, où les caractères défaillent, arrêtons un instant notre pensée sur ces pages historiques, dont le parchemin est timbré du XVe siècle, et cherchons-y, en même temps qu'un enseignement, une espérance.

Les années comprises entre 1418 et 1437 ont été ensanglantées ; notre pays, tourmenté par les factions politiques et par l'invasion étrangère, a failli sombrer. Dieu l'a relevé par l'intervention d'un messie patriotique, par l'union des cœurs français, et il a donné à la Fille aînée de l'Eglise de nouveaux siècles de gloire.

En ce vingtième siècle qui vient à nous, environné de mystère, qui donc se lèvera sous le souffle de la Providence pour tenir haut et ferme le drapeau de la patrie ? N'oublions pas, toutefois, que si « l'heure est à Dieu, la parole est à la France. »

Puissent ces lignes, écrites sur une époque très antérieure à la nôtre, répandre dans les cœurs un peu du mysticisme des temps passés, et les aider à réagir contre le matérialisme contemporain.

Offrons tous en terminant une gerbe de palmes et de lys aux deux saintes Voyantes, Jeanne et Perinaïk, et apprenons à nos fils à chanter pour elles l'hymne des nobles cœurs, *Gloria victis !*

A. Pascal Estienne.

Sculptures du portail méridional de Notre-Dame de Paris, au côté gauche de la porte dite des Martyrs ou Saint-Etienne, ou Saint-Marcel. — Bas-reliefs concernant le supplice et la réhabilitation de Perinaïk.

CHAPITRE VI

SCULPTURES DU PORTAIL MÉRIDIONAL DE NOTRE-DAME DE PARIS, AU COTÉ GAUCHE DE LA PORTE DES MARTYRS, DITE AUSSI PORTE SAINT-ÉTIENNE OU SAINT-MARCEL. — BAS-RELIEFS CONCERNANT LE SUPPLICE ET LA RÉHABILITATION DE PERINAÏK.

Les générations éteintes n'ont pas écrit leur histoire seulement sur le parchemin, elles ont laissé des traces indélébiles de leur existence, gravées dans le granit ou frappées dans les métaux. Ici, les monuments et les statues se dressent, là, les bas-reliefs et les inscriptions se découvrent et se déchiffrent; ailleurs, dans les fouilles de terrassements ou les drainages fluviaux, on trouve des monnaies, des médailles frustes, des bronzes brisés.

La persévérance et la science ne reculent devant aucun obstacle : l'ancien et le nouveau continent sont explorés, les océans et les lacs sont scrutés pour en arracher les secrets des peuples primitifs.

Tandis que certains savants visitent et interrogent les antiquités d'Amérique, les sables d'Egypte ou les cendres du Vésuve. d'autres cherchent dans leur pays les vestiges oubliés qui peuvent contribuer à la reconstitution de l'histoire nationale; quelques lacunes sont ainsi comblées par ces trouvailles. et certains points obscurs s'éclaircissent par les recherches contemporaines.

La France possède encore nombre de ces témoins antiques restés inexplorés ou incompris. Nous indiquons, dans ce chapitre, une erreur commise, nous la réfutons, et nous proposons l'adoption d'une probabilité qui, pour nous, est désormais une certitude.

« L'île de la Cité à Paris est faite comme un grand navire enfoncé dans la vase et échoué au fil de la Seine (1). C'est dans l'enceinte de ses

(1) C'est de cette forme de vaisseau que provient le navire héraldique des Armes de Paris. SAUVAL.

murailles que la basilique de Notre-Dame fut édifiée vers 1010, sous le règne de Robert, fils d'Hugues Capet. Les croisades, l'affranchissement des Communes et les guerres avec les Anglais arrêtèrent la construction ; elle fut reprise en 1163 par l'archevêque Maurice de Sully, et elle était à peu près terminée vers 1235 ; mais en 1240 et en 1300, d'importants remaniements eurent lieu pour la compléter et l'embellir.

Les ravages du XVIIe siècle étaient à peine réparés, que la fureur révolutionnaire de 1793 mutila et dévasta la cathédrale, renversant les autels et les statues, brisant les boiseries et quelques vitraux.

Depuis cette époque, d'intelligentes réparations ont été faites, pour effacer les traces de la démence populaire pendant le XVIIIe et le XIXe siècle.

Notre-Dame n'est donc pas due à la conception géniale d'un seul artiste ; c'est l'œuvre complexe, persévérante et grandiose d'un peuple chrétien ; depuis près de neuf cents ans, chaque génération française a superposé les pierres, sculpté les statues, encastré les bas-reliefs ou ciselé les saillies du monument de détails exquis. Le symbolisme religieux et historique a tracé ses hiéroglyphes en maints endroits, et la patine du temps a étendu sur l'antique basilique une couleur sombre qui, aux yeux de l'observateur, semble être le deuil des siècles éteints et des grandeurs passées.

Faire l'historique des événements qui se sont déroulés dans la vieille métropolitaine serait parcourir beaucoup de feuillets de l'histoire de France ; nous n'avons pas à écrire ici la monographie de Notre-Dame, plusieurs écrivains érudits ont publié des ouvrages remarquables sur ce sujet (1); bornons-nous à attirer l'attention du lecteur sur le but de ce chapitre : les médaillons relatifs à Perinaïk.

Le portail méridional de l'église dédiée à la Vierge est situé du côté du quai. sur les jardins clos eux-mêmes par une grille de fer ; cette porte donnait accès jadis dans la cour de l'Archevêché, faisant face à la grande salle des cérémonies épiscopales ; c'était le passage réservé à l'évêque.

(1) Viollet-le-Duc, Lassus, Guilhermy, Celtibère, Gilberg, Saint-Victor, Laborde Chapuy Fisquet, Dubu. Felmont, de Jolimont, de Lestang, Fauris de Saint-Vincent.

Cette entrée, appelée Porte des Martyrs (1) ou bien de Saint-Etienne, ou de Saint-Marcel, a été édifiée après la construction complète de la basilique et la démolition de l'ancienne chapelle dédiée au premier martyr chrétien : plusieurs sculptures du tympan représentent des traits de la vie de ce saint.

De chaque côté du portail se trouvent quatre bas-reliefs contenus dans des cartouches et entourés de figures allégoriques. Sur le soubassement on lit en frise cette inscription gravée en lettres onciales : « *Anno Dñi M. C. C. LVII mense februario idus II hoc fuit incœptum, Christi genetricis honore Kallensi latorno vivente Johanne magistro*(2). »

Nous ne contesterons pas la date du commencement des travaux, mais les médaillons doivent être postérieurs à l'édification du portail ; leur facture, plus réduite que celle des autres sculptures, permet de croire qu'ils ont été faits et placés à une époque différente de celle de la construction dans laquelle ils sont enchâssés.

---

(1) VIOLLET-LE-DUC et GUILHERMY, *Description de Notre-Dame*.

(2) « L'an du Seigneur 1257, le deuxième des ides de Février, ce portail fut commencé en l'honneur de la mère du Christ, pendant la vie de maître Jean de Chelles (ou préférablement de Sceaux), tailleur de pierres. »

Presque tous les descripteurs de Notre-Dame redisent les uns d'après les autres, sans examen attentif, que les huit divisions de ces bas-reliefs représentent l'histoire de saint Etienne ; c'est une erreur. Le côté droit contient probablement des scènes dictées par le souvenir de l'ancienne Faculté de médecine, sise près de la cathédrale ; mais le côté gauche retrace des faits qui se rapportent incontestablement à une femme.

Depuis la publication de notre première édition, l'*Univers* a publié, à la date du 26 Avril 1893, un article de Mlle de Grandpré, dans lequel nous lisons : « En faisant des recherches consciencieuses sur Notre-Dame, nous venons de découvrir, M. l'abbé de Bonniot, chanoine et bibliothécaire du Chapitre, et moi, sur les murs de l'édifice, des bas-reliefs représentant l'histoire de Perinaïk. »

Cette insertion corrobore notre pensée personnelle ; toutefois, nous sommes en divergence d'opinion avec Mlle de Grandpré quant à l'interprétation de certains détails. Ainsi, nous n'admettons pas que « les médaillons représentent des scènes de l'occupation de Paris par les Anglais au xve siècle », ni que « le troisième représente l'arrivée de la reine Isabeau en 1418 et le départ du Chapitre ». Nous croyons que les *quatre* bas-reliefs ont trait à l'histoire de Perinaïk, et que la reine qui figure deux fois dans les médaillons est Marie d'Anjou. L'entrée d'Isabeau de Bavière à Paris en 1418 est trop étrangère et trop antérieure au procès fait à la Bretonne en 1430, pour que cette hypothèse soit admissible.

Nous acceptons donc, de préférence aux affirmations de Mlle de Grandpré, la version que le savoir et la pensée méditative de M. de Bonniot attribuent aux bas-reliefs ; nous y joignons le résultat complémentaire de nos recherches personnelles.

Les quatre bas-reliefs de la porte latérale Sud sont séparés les uns des autres par une moulure formant un croisillon, et entourés par un même ornement qui enferme pour ainsi dire le récit ; c'est la page d'un missel de pierre.

DESCRIPTION DU PREMIER CAISSON

A GAUCHE DE L'OBSERVATEUR, EN HAUT

Une femme est attachée à une échelle patibulaire, maintenue de chaque côté par les aides du bourreau : aux pieds de la victime, deux figurines représentent, l'une la Loi portant son Code, l'autre, la Justice la main sur la garde de son épée.

En dehors du médaillon central, on voit directement au-dessus un léopard qui baisse la tête et paraît flairer la suppliciée située au-dessous de lui.

Dans les quatre coins, apparaissent, en haut, les têtes curieuses des spectateurs juchés sur les toits des maisons voisines : en bas, deux animaux symboliques effrayent les personnes qui tentent de s'approcher de la victime.

INTERPRÉTATION

Perinaïk, compagne de Jeanne d'Arc, est exposée et brûlée près de Notre-Dame, le 3 Septembre 1430 : la Loi et la Justice qui la condamnent émanent de l'Angleterre, représentée par son Léopard héraldique. Les séides de l'étranger repoussent les amis de la Bretonne.

DESCRIPTION DU DEUXIÈME CAISSON

A GAUCHE

Un personnage se lave les mains, il lève la tête vers le ciel et semble protester de son innocence ; à côté de lui, à droite, une femme couronnée amène un témoin qui raconte une histoire, pendant qu'un greffier inscrit la déposition sur ses tablettes.

En dehors du cartouche, sur l'ornement qui l'entoure, un lion est couché dans l'attitude de l'attente.

A gauche, un voyageur arrive appuyé sur son bâton de route ; à droite, un autre s'en va, drapé dans une cagoule ; en bas, un individu s'enfuit ; deux chiens gardent la scène décrite, l'un attend, l'autre menace.

INTERPRÉTATION

Après le retour de Charles VII à Paris en 1437 et la réhabilitation de Jeanne d'Arc en 1456, la reine Marie d'Anjou fit informer juridiquement sur le procès et la condamnation de Perinaïk, compagne de la Pucelle, afin de savoir si une justification pourrait être établie.

DESCRIPTION DU TROISIÈME CAISSON

EN BAS, A GAUCHE

Des voyageurs arrivent avec leurs montures d'un pays lointain ; ils sont reçus avec effusion et respect par un groupe de personnages notables.

En dehors du médaillon, un animal héraldique se repose sur le haut de la moulure.

A gauche et à droite, des personnages causent entre eux : en bas, deux lions, symbole de la force, sont assis.

INTERPRÉTATION

Lorsque la royauté française fut rétablie à Paris, les anciens membres du Chapitre de Notre-Dame, ainsi que quelques universitaires exilés pour leur fidélité patriotique, revinrent à Paris : ils se réunirent aux chanoines désabusés de la domination anglaise : un seul d'entre eux était parti avec les étrangers, Pasquier de Vaux, évêque de Meaux.

DESCRIPTION DU QUATRIÈME CAISSON

EN BAS, A DROITE

Un greffier écrit les dépositions faites par des personnages qui se succèdent devant lui : à droite, une femme couronnée, drapée majestueusement dans un manteau, regarde le spectateur avec assurance : elle est entourée de figures qui écoutent avec satisfaction la sentence qu'un juge prononce.

En dehors du cartouche, en haut, un animal au repos est étendu.

A gauche, un témoin prête serment ; à droite, diverses personnes sont assises et écoutent. En bas, un chien poursuit un homme dépouillé de vêtements : du côté opposé, un animal semblable donner la patte à une personne qui se baisse vers lui.

INTERPRÉTATION

Après l'instruction ordonnée par la reine Marie d'Anjou, le procès de Perinaïk fut révisé, la condamnation annulée et la réhabilitation proclamée.

Le chien, emblême de la fidélité, poursuit l'erreur qui ne possède plus son habit trompeur, tandis qu'un autre de ces animaux pactise avec un nouveau maître : sans doute le Français qui a ramené dans la capitale la Loi et la Justice véritables.

Les statuettes des médaillons décrits ont toutes les pieds nus : « A Notre-Dame, les règles qui déterminent la forme des nimbes, et qui exigent que certains personnages aient les pieds déchaussés, sont ordinairement exactement observées (1) ».

On peut être surpris que les narrateurs de l'histoire de Notre-Dame ne se soient pas transmis la tradition contenue dans les Bas-reliefs, sis à gauche de la porte Sud. Les périodes de l'invasion et de l'expulsion anglaises amenèrent beaucoup de troubles et d'oublis en France : les manuscrits furent brûlés, les témoins tués : la narration et la tradition se perdirent ainsi.

Ne nous étonnons pas que la donnée des sculptures d'un portail de la cathédrale soit anéantie, lorsque nous lisons dans Ménorval le passage suivant :

« Il resta dans la grande salle du Palais épiscopal un souvenir de la domination anglaise, la statue qu'après la mort de Henry V, Bedford lui avait élevée et qu'il avait fait placer parmi celles des rois de France, à la suite de Charles VII. Elle y était encore lors de l'incendie de 1518, et personne ne savait plus qui elle représentait. Le

(1) Viollet-le-Duc et Guilhermy.

savant Peirex expliqua que Charles VII s'était contenté d'en faire mutiler le visage sans la faire abattre, parce qu'il destinait à la sienne une place autre que celle de l'usurpateur (1) ».

Le mur de face des chapelles de la nef de Notre-Dame, de la tour méridionale au portail de Saint-Marcel, a été remis à neuf en 1778 ; ce travail coûta quarante mille livres, il fut dirigé par l'architecte Boulland, choisi par le Chapitre (2).

Ne serait-ce pas à cette époque que les médaillons que nous avons décrits furent encastrés dans le portail ?

Ils proviennent peut-être des bâtiments de l'archevêché ravagé par le feu en 1618 ; il existait là, en souvenir de l'antique chapelle de Saint-Etienne, de grandes figures de pierre retraçant des épisodes de la vie de ce saint : les Bas-reliefs les complétaient-ils, ou ont-ils été faits pour remplacer les statues du Palais ?

Les sculptures relatives à Perinaïk ont donc droit d'être enchassées dans la porte des Martyrs, puisque c'est directement en face d'elles que la

(1) *Paris depuis ses origines jusqu'à nos jours*, t. II, p. 112. Menorval.

(2) *Recueil des conclusions du Chapitre de l'évêché de Paris* (1773).

Bretonne a été jugée iniquement et probablement réhabilitée par la juridiction ecclésiastique, dont la Cour siégeait dans le palais épiscopal.

L'histoire et la glorification des héros de la foi catholique et du patriotisme religieux sont bien placées dans le sanctuaire consacré à Dieu et à la Vierge Marie. Chrétiens et Français, nous irons les y saluer.

MÉDAILLE ATTRIBUÉ A PERINAÏK

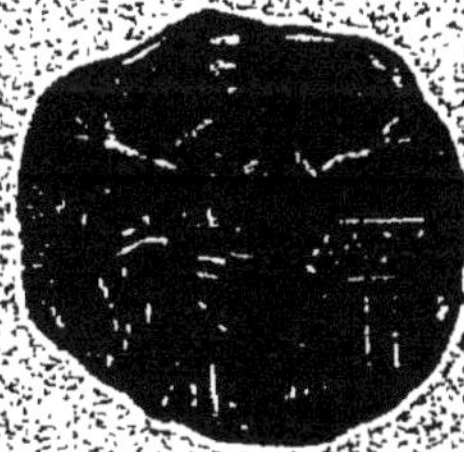

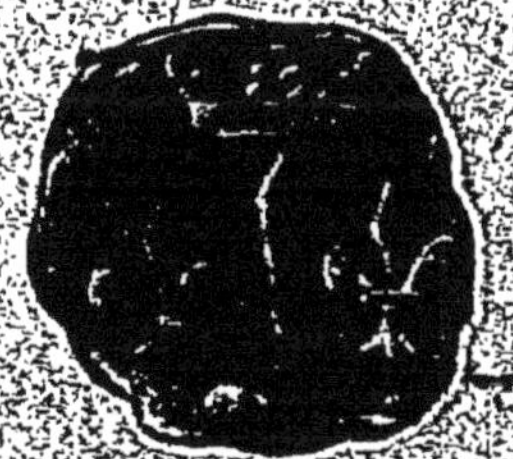

MÉDAILLE RELATIVE A JEANNE D'ARC

CHAPITRE VII

MÉDAILLE ATTRIBUÉE A PERINAÏK
MÉDAILLE RELATIVE A JEANNE D'ARC

En 1831, M. Rolin, de Guise, publiait dans la *Revue numismatique* (1) une étude sur une médaille en plomb, dont il n'indique pas la provenance, et dont le travail dénote une origine remontant au XVe siècle.

L'auteur produit un dessin et décrit cette pièce : elle présente d'un côté une tête très effacée, de l'autre, des emblèmes qu'il croit pouvoir attribuer à Jeanne d'Arc. M. Rolin fixe aproximativement la date à laquelle elle fut faite : entre le 1er Décembre 1429 et le 28 Décembre 1430, époque de l'apogée de la puissance de la Pucelle.

M. Vallet de Viriville, dans les *Recherches ico-*

(1) T. I, p. 143 et suivantes. — Paris.

nographiques sur Jeanne Darc, s'exprime ainsi en parlant de la médaille de son collègue : « Cette assertion, d'après la gravure qui l'accompagne, ne nous paraît pas suffisamment fondée. Ainsi, la figure du Droit est tellement informe que le sexe même est méconnaissable. Quant au revers, les attributs que l'on y observe ne sont point circonscrits dans un écu ; on n'y voit pas la couronne, pièce essentielle des armoiries concédées à la famille annoblie, et enfin, la figure du milieu nous paraît être une lance et non pas une épée.

« Nous pensons donc que ce jeton ou mereau doit recevoir une tout autre attribution que celle qui lui a été donnée (1). »

L'attention des historiens de la Pucelle fut attirée par cette pièce, et son application discutée.

Quelques années après, en 1859, M. Arthur Frogeais, président-fondateur de la Société de Sphragistique, faisait explorer à nouveau le lit de la Seine pour compléter sa collection de plombs historiés ; il recueillait une médaille trouvée sous le Pont-au-Change, et qu'on peut attribuer sans hésitation à Jeanne d'Arc (2).

---

(1) P. 8 (1855).

(2) Actuellement au musée de Cluny, 3e salle en bas, n° 8.907.

Monsieur Vallet de Viriville crut voir dans ce jeton le complément affirmatif de l'hypothèse de M. Rolin et publia des *Notes sur deux médailles de plomb relatives à Jeanne Darc* (1).

Il établit un parallèle entre les deux plombs, et conclut en les attribuant avec certitude à la Pucelle.

Nous nous permettons d'être en dissidence d'opinion avec l'honorable savant.

Jeanne d'Arc ne porta jamais de blason personnel. elle « fit faire au lieu de Poictiers son estendart, auquel y avoit un escu d'azur et un coulon blanc dedans icelluy estoit : lequel coulon tenoit un roole en son bec ou avoit escript : De par le Roy du ciel (2). »

Plus tard, elle fit peindre un Père éternel sur sa bannière, et le 2 Juin 1429, Charles VII concédait à la famille d'Arc des lettres de noblesse et les armes suivantes : *d'azur à deux fleurs de lys d'or et une épée d'argent à la garde dorée, la pointe en haut, ferue en une couronne d'or*.

La médaille que possédait M. Frogeais, présente, au côté droit, le Père éternel sur son trône,

(1) Paris (1861).
(2) *Revue historique* (Juillet-Août 1877).

Extrait des registres de La Rochelle.

et au revers, les armoiries de la famille de la Pucelle : il est incontestable qu'elle a été frappée en l'honneur de Jeanne d'Arc.

A quelle date faut-il la faire remonter ? A-t-elle été moulée pendant la période victorieuse de la guerrière, et faisait-elle partie de ces images en plomb ou effigies en métal qui lui furent reprochées par l'article vingt-trois de son acte d'acusation : ou provient-elle d'une manifestation produite après le procès de réhabilitation, en 1456 ?

En considérant attentivement la médaille de M. Rolin, on ne peut se rallier à la pensée qui l'attribue à Jeanne d'Arc. Dans l'effigie, il est impossible de reconstituer la figure de la Pucelle, car celle-ci, avec son habit d'homme ou son armure, n'avait pas une robe au corsage échancré, et la chevelure de la guerrière « coupée en rond au-dessus de l'oreille » ne peut se comparer aux cheveux terminés par de larges oreillères à la *Denin* ou à l'opulence de boucles ondoyantes.

De même, au revers du jeton, il existe deux fleurs de lys et un fragmement de lance ou d'épée, mais non *ferue en une couronne*. Ce dernier appareil héraldique est essentiel pour représenter les armes de Jeanne, car le roi avait donné cet emblème à la famille d'Arc en mémoire de ce que la Pucelle avait tiré l'épée pour conquérir la couronne.

L'absence de l'attribut royal fait rejeter l'hypothèse de M. Rolin et permet d'indiquer pour sa médaille une destination que nous croyons véritable.

Après l'entrée de Charles VII à Paris et l'expulsion des Anglais des différentes parties de la France, le peuple et les grands se réjouirent et voulurent conserver des signes probants de leur délivrance. On frappa des médailles commémoratives dont les types furent successivement renouvelés avec différentes variantes, en 1454, 1459, 1460.

« L'an 1454 Dieu de sa sainte grâce ayant donné victoire au Roy d'avoir expulsé de son royaume les Anglais... fut à la louange du Roy et de sa victoire composées certaines pièces en façon de monnoye cy-portraites ; dont en fut forgé quantité volontairement d'or et d'argent de divers poids et d'icelles fait présent au roy et reyne de France, prince et princesse de leur sang (1) ».

(1) *Figures des monnoies de France* (1619), HAULTIN. M. s. de l'Arsenal.

Nous supposons que le jeton décrit par M. Rolin fut fait pendant cette période, entre 1456 et 1460, et nous n'hésitons pas à l'attribuer à Perinaïk, la compagne de Jeanne d'Arc.

La tête de femme à longue chevelure et la robe mi-ouverte, rappellent l'absence de la « coëffe » et le dernier vêtement de la suppliciée, tandis que le revers du plomb indique que la Bretonne est morte pour les lys et pour la guerrière.

Cette médaille complète les Bas-reliefs de Notre-Dame; il est à présumer que lorsque la reine Marie d'Anjou eut fait réviser le procès de la fidèle Pieronne, une cérémonie eut lieu pour annoncer la réhabilitation. Les bibelotiers dont l'industrie était très importante à Paris, profitèrent de cette occasion pour fondre de menues enseignes d'étain et de plomb relatives à la fête du jour, pour les vendre, suivant l'usage, aux alentours de Notre-Dame, lieu du supplice et de la justification de Perinaïk « de Bretaigne-Bretonnant ».

CHAPITRE VIII

LA STATUE DE LA FORÊT DE KOAT-ANN-NOZ

Dans le département des Côtes-du-Nord et l'arrondissement de Guingamp, en pleine Bretagne Bretonnante, on trouve, au sud du territoire montueux et accidenté de Belle-Isle-en-Terre, deux forêts contiguës, dont les deux noms forment un contraste entre eux : Koat-ann-Nay (le bois du Jour) et Koat-ann-Noz (le bois de la Nuit).

Les treize cents hectares de leurs jeunes ou vieilles futaies, s'étendent de Louargat à Gurunhel ; elles tapissent la plaine ou s'élèvent sur des collines jusqu'à deux cent soixante-quinze mètres d'altitude; le ruisseau de Pontmur sépare les deux forêts.

Le bois de la Nuit recèle une vallée profonde et ombreuse, sillonnée par le Guer, qui prend sa source à Pen Léguer, se dirige sur Belle-Isle-en-Terre et se jette, près de Lannion, dans la baie de Locquirec.

Il y a un demi-siècle, deux ou trois cents bûcherons, venus de divers pays de Bretagne, demeuraient avec leurs familles dans la forêt de Koat-ann-Noz : ils fournissaient du charbon dans une grande partie des villages voisins.

Depuis cette époque, les paisibles habitants de la forêt se sont presque tous dispersés ; deux ou trois familles seulement sont restées sous leur humble toit moussu.

Le voyageur voit encore s'élever au-dessus des bois sombres une fumée bleuâtre qui monte droite, vaporeuse, et s'élance vers les nues ; elle paraît s'échapper de l'encensoir immense de la nature adorant son tout-puissant Créateur.

D'après les *Dires des anciens*, il existait autrefois dans les profondeurs de Koat-ann-Noz, tout près de la hutte familiale d'un bûcheron, une statue de femme renfermée dans une longue niche, supportée par un socle représentant des fascines embrasées.

Le passant demandait parfois aux hôtes de la cabane pourquoi leur Vierge avait un semblable piédestal ; ils répondaient : « Ce n'est pas la

Mère de Dieu, mais la fille brûlée par les Anglais (1). »

Le récit du martyre de Perinaïk, parvenu en Bretagne, avait impressionné un modeste sculpteur sur bois, et il avait pieusement retracé avec son ciseau le dernier épisode du sacrifice de sa compatriote.

Sans doute quelque habitant de la ville près de laquelle la Bretonne était née, ou l'un des soldats de l'armée de Richemont, avait possédé cette statue et l'avait léguée à ses descendants, qui oublièrent le nom de l'héroïne, mais se souvinrent du meurtre commis par *ar Saozon*.

La statue dont nous parlons a disparu de la hutte de Koat-ann-Noz ; le poète a pu dire à son sujet :

Dindan bolz ann envo fennoz
Oa trouz veur uz da Goad-ann-Noz

Ann Anko Krignet var he gar
Zo et endro oar du Béar.

Sous la voûte du ciel, la nuit dernière,
Il s'est fait un grand bruit au-dessus de Koat-ann-Noz.

Le squelette de la mort, sur son chariot,
S'en est allé vers Béguard (2).

---

(1) M. René Huette, *Ouest artistique et Littéraire*. — N. Quellien, *Perrinaïk*.

(2) N. Quellien, *Annaïk*.

Les habitants actuels de la forêt ignorent ce que l'image de Perinaïk est devenue; nul ne sait si elle a été détruite dans une tourmente politique ou emportée dans une autre partie de la Bretagne. Puisse-t-elle être retrouvée, reproduite et propagée, afin que la vieille Armorique connaisse davantage et vénère la sainte Voyante qui est une des précieuses hermines de son vieux blason.

CHAPITRE IX

PERINAÏK ET L'ACTUALITÉ. — BROCHURE ET CONFÉRENCES DE M. QUELLIEN. — LE MONUMENT DU MENEZ-BRÉ. — ROMAN DE J. CANTEL. — LE MOT FINAL.

Le millésime des dernières années de notre siècle est inscrit sur d'innombrables bustes et monuments : chaque commune voudrait avoir son représentant dans la galerie des célébrités nationales.

Sans doute, les noms des Français illustres par leur talent, leur générosité ou leur dévouement, doivent être transmis à la postérité ; les enfants d'aujourd'hui seront des hommes demain, et ils puiseront dans cet enseignement rétrospectif le mobile des grandes pensées et des nobles actions.

C'est précisément pour cela que les esprits judicieux réclament une sélection, tout modèle devant tendre à la perfection esthétique dans le genre auquel il appartient. Si ce principe était respecté, les instigateurs de l'irréligion et de l'anarchie ne seraient pas exhaussés sur un socle boueux ou sanglant, fantoches de bronze au masque railleur ou menaçant.

Si les gloires trompeuses et les renommées surfaites parsèment la France de leurs effigies creuses, ceux dont la vie fut une manifestation de foi et de dévouement, dorment souvent leur dernier sommeil dans un oubli profond.

M. Quellien, le poète breton, celtisant émérite, est l'initiateur, et pour ainsi dire le révélateur de la cause de Perinaïk. Il a non seulement lu et médité les récits des historiens du XVe siècle, mais il a fouillé et il cherche encore dans sa chère Armorique les traces de la compagne de Jeanne d'Arc.

Il s'est épris de la vierge bretonne, il l'aime

même d'un amour jaloux et s'est constitué le gardien, le fidèle chevalier de cette Hermine.

M. Quellien a fait paraître, en 1891, un opuscule dans lequel il raconte sommairement les faits qu'il a pu réunir sur Perinaïk ; il y a joint un cantilène pleine de naïveté, mais qui perd un peu de son charme par la traduction du bas-breton. (1)

La savante *Revue de l'Ecole des Chartes* publiait dans son numéro de Janvier-Avril 1892 un article sur ce sujet (2); l'auteur, M. Germain Lefebvre-Pontalis, relate en quelques lignes l'histoire de Perinaïk ; il commet toutefois une erreur, en indiquant comme lieu de la mort de l'héroïne la place de Grève. La Bretonne ayant été jugée par la juridiction religieuse, ne devait pas être conduite sur l'emplacement des exécutions civiles ; livrée au bras séculier après sa condamnation, elle a été brûlée sur le lieu même, suivant la coutume de ce temps-là.

M. Quellien, s'en rapportant aux usages de l'époque, indique le parvis de Notre-Dame, où se trouvait habituellement l'échelle patibulaire de l'évêque, haut justicier.

---

(1) N. Quellien, *Perrinaïk, une compagne de Jeanne Darc*. — Paris, Fischbacher, 1891, in-8° de 43 pages.

(2) LIII, livraisons I et II, p. 162 (Janvier-Avril 1892).

Le Bourgeois de Paris dans son Journal est formel : « Le troisième jour de Septembre a ung dimanche furent preschées au *puis* Nostre-Dame (1) ».

Au début de la saison estivale de 1892, les journaux parisiens annonçaient qu'un comité de Dames de Bretagne faisait appel à la générosité nationale pour l'érection d'un monument à la mémoire de Perinaïk.

Quelques jours après, les mêmes feuilles avertissaient leurs lecteurs que M. Quellien continuerait les conférences de l'année précédente, en commençant par la Bretagne.

Le poète veut que toute la France connaisse « la Pierronne », des rives de la Méditerranée à celles de la Manche. Barde du dix-neuvième siècle, il s'en va de ville en ville, redisant une histoire ignorée et vieille de plus de quatre siècles ; son *gwerz* doit être chanté aux Pardons de tous les cantons bretonnants. Il ne pleure plus *Annaïk* (1), ses *Vêpres des Morts* (3) sont maintenant pour

(1) *Procès de Jeanne d'Arc*, QUICHERAT, témoignages des chroniqueurs, t. IV, p. 467.

(2) *Annaïk*, poésies bretonnes de QUELLIEN, préface de RENAN (1880).

(3) *Annaïk*.

Perinaïk, et il parviendra par sa constance à les faire suivre d'un *Hymne de gloire*.

Le mardi 30 Août, l'élite de la société Malouine et Servanaise, ainsi que de nombreux étrangers, assistaient, au casino de Saint-Malo, à une conférence-concert donnée par M. Quellien, assisté d'excellents artistes. La réunion eut un succès complet ; la quête donna la première pierre du monument de Perinaïk.

M. Bourdas, directeus du *Vieux Corsaire*, prêtait gracieusement les colonnes de son journal au récit de la fête. « Nous sommes heureux de constater, disait-il en terminant, que l'on ne s'adresse jamais en vain à notre ville lorsqu'il s'agit d'honorer une martyre du patriotisme. Car, si riche que soit le patrimoine de gloire que nous ont légués nos ancêtres, c'est notre devoir de n'en pas perdre une seule parcelle ».

Le conférencier continua sa campagne en suivant le littoral ; il se dirigea vers Guingamp, « qui rêve encore aux Penthièvre » (2), puis vers les pays de Lannion et de Tréguier, « déjà doucement

---

(1) Le *Vieux Corsaire*, journal de Saint-Malo, Saint-Servan et arrondissement, vendredi 2 Septembre 1892.

(2) Pitre-Chevalier, *La Bretagne ancienne et moderne*.

sauvages et encore bas-bretons, car on y lutte toujours et l'on y chante encore les chansons d'autrefois (1) ».

M. Quellien fait annoncer qu'il donnera à Paris, dans l'année 1893, une série de conférences-concerts.

Le projet du monument qui doit être élevé à Perinaïk est dû à un jeune architecte de talent, un Breton résidant à Paris, M. Félix Ollivier ; les sculptures seront exécutées par M. Augé, l'artiste dont les œuvres sont bien connues dans la capitale.

La Bretonne est représentée debout, le visage tourné vers la Manche ; la statue repose sur un socle de style gothique flamboyant : les bas-reliefs retracent divers épisodes de la guerre de Cent ans.

Le comité des Dames de Bretagne a choisi pour l'emplacement du monument de Perinaïk le Menez-Bré. Cette montagne est un cône isolé qui s'élève à trois cents deux mètres d'altitude : de cette hauteur, la vue s'étend sur un rayon de quarante kilomètres sur la Manche et le long de la côte, de Bimic jusqu'au-delà de Morlaix.

Le Menez-Bré, situé dans les Côtes-du-Nord,

(1) Pitre-Chevalier, *La Bretagne ancienne et moderne.*

fait partie de la commune et de la paroisse de Pédernec (le village des quatre douleurs).

Le sommet est surmonté par la chapelle de Saint-Hervé, pélerinage renommé dans la contrée: la fontaine que le saint fit jaillir en frappant le sol de son bâton, est au versant Est (1).

La montagne est très fréquentée pendant les foires de la commune de Pédernec ; elle était jadis le séjour du barde Guiclan, et les poètes de nos jours la chantent encore.

Hag ann awel var Mene-Bre
Bennoz a ind' vel ar frize.

Vel env ann Ankol pad ann noz
Ann awel oar ar men koz.

Et sur le Méne-Bré, le vent
Hurle chaque nuit, comme la chouette.

Comme l'oiseau durant la nuit,
Le vent pleure sur la vieille montagne (2).

(1) Saint Hervé est invoqué dans la chapelle de Menez-Bré pour guérir les fidèles sujets aux maux de tête, et l'agriculteur va le prier vers la fontaine, et jette une pièce de monnaie dans les rochers pour que ses étables soient préservées de toute influence néfaste.

(2) Aux bardes du Midi. *Annaïk*, Quellien (1880).

La librairie Plon a publié, à la fin de l'année 1892, un ouvrage de J. Cantel, intitulé *Perinaïk* (1).

Certains lecteurs ou chroniqueurs de journaux, croyant à une publication de nature à compléter l'œuvre de M. Quellien, ont pris au sérieux les inventions de J. Cantel. Ils n'avaient pas lu, sans doute, sur l'ouvrage du même auteur imprimé en 1891, *Cléopâtre*, les titres des livres qu'il promettait au public : *Un mariage d'étoiles*, *La Princesse Digitale*, *La Femme-Dieu*, *Le roman d'une laide*(2).

Avec une fertilité d'imagination précieuse pour un romancier, J. Cantel transporte le lecteur dans la lande d'Armor, au milieu de la flore bretonne, parmi les senteurs « des bruyères, des genêts d'or et des épines fleuries »; il indique le nom des parents de Perinaïk et parle de ses fiançailles avec un gars de Lusunen, « Madame la Vierge » apparaît à l'héroïne, qui rejoint ensuite l'armée de Richemont. Elle rencontre un Cordelier prédicateur, type exalté et ridicule, qui se déchire les

(3) *Perinaïk*, par J. Cantel. E. Plon, Nourrit et Cie, imprimeurs-éditeurs. — Paris (1892).

(2) *Cléopâtre*, J. Cantel. (Cléopâtre renaît chaque jour, éternel symbole de la faiblesse de l'homme devant la puissance de la femme). Havard. — Paris (1891).

chairs sous les yeux de ses auditeurs et « se sent pénétrer d'une émotion divine » en voyant Perinaïk. Cette tendresse mutuelle, poétique, mais déplacée, continue à l'armée de Charles VII, près de Jeanne d'Arc, et jusque dans les prisons de Notre-Dame.

Séverino, le Cordelier, est capturé en même temps que Perinaïk; condamnés tous les deux, ils sont enchaînés au même poteau, et la flamme les atteint pendant que le moine parle à sa compagne dans le langage du *Cantique des Cantiques*, et celle-ci meurt en murmurant : « Jehanne! Séverino ! »

Pourquoi changer l'histoire et dénaturer les caractères? C'est une erreur regrettable et trop fréquente. Les gloires les plus pures ont été ainsi atteintes : la vie de Jeanne d'Arc, celle de Perinaïk et tant d'autres, ont été altérées par la fantaisie d'un écrivain. La foule lit plus volontiers un roman qu'un récit historique, souvent aride, et les impressions erronées et romantiques demeurent et se transmettent.

Les romanciers doivent créer leurs héros et ne pas soustraire à l'histoire les beaux et austères profils qui lui appartiennent, pour les détruire ou les atténuer, sous le fallacieux prétexte d'intéresser le lecteur.

Certains écrivains contemporains prétendent aussi approfondir la psychologie ; ils étudient « la Femme » dans des types défectueux, et constituent d'après ces modèles des personnages qui ne sont que fausseté et amour profane. Ce sont là des études païennes ; le christianisme, en rehaussant la nature, détruit les idoles de chair et enseigne la Vérité et la Charité.

Ce dernier principe d'Amour est créateur et vivificateur des nobles pensées, des généreux dévouements. Toutes les créatures ne doivent pas fatalement subir les entraînements terrestres ; il est des natures privilégiées, par le cœur ou par l'intelligence, qui peuvent marcher hardiment vers un Idéal.

Perinaïk et Jeanne d'Arc, âmes-sœurs, Hermine et Lys, ont dirigé leurs regards vers les sommets : qu'on ne les mette pas dans l'obscurité d'un ravin : les Voyants sont éclairés par un rayon divin et non par un flambeau humain.

M. Quellien a compris le caractère naïf et saint de *sa* « Perrine ».

« Hélas ! aussi loin que le couchant est la Basse-Bretagne..... »

« Seigneur Dieu, c'est bien cruel, c'est trop cruel de mourir loin du pays qu'on a aimé ! (1) »

C'est l'effroi de la nature qui fait parler ainsi Perinaïk : mais le cri de l'âme le domine aussitôt, et c'est le mot final.

« Blanche est l'hermine : — sans souillure comme la robe de l'hermine, je suis restée la fiancée de Dieu seul ».

(1) Traduction du Gwerz de *Perrinaïk*.

INDEX

Imp. des Femmes de Lettres, M. Maugeret, dir.
128, Rue Montmartre, Paris.

www.ingramcontent.com/pod-product-compliance
Ingram Content Group UK Ltd.
Pitfield, Milton Keynes, MK11 3LW, UK
UKHW020557180726
13838UKWH00001B/295